プチ修行できる お寺めぐり

心身スッキリ！
人生が変わる！

全日本仏教青年会／監修
産業編集センター／編集

金剛峯寺

はじめに

全国には、実に７万ヶ寺ものお寺があることをご存知ですか？
故郷の近くにも、今住んでいる街にも、きっとお寺がいくつもあるはずです。
もしかしたら少し敷居が高そうだなと感じているかもしれません。
近くにはあるけど、少し心の距離が遠いと感じているかもしれません。

でも、行かずに過ごしているのはとてももったいないこと。

時代とともに、お寺の役割は変化を遂げてきましたが、今も昔も変わらないのは、
お寺に行くと心が安らかになること、癒されること、調うこと。
外界との結界の役割がある門をくぐり抜け、境内に身を置くことで、
心が洗われたような気持ちになり、
いつしか心と身体がスッキリしていくのを感じることでしょう。

本書では、「全日本仏教青年会」監修のもと、
全国各地の寺院の中から一度は行くべき50ヶ寺が選ばれています。
テーマは「修行体験ができる寺」。
修行とひとくちに言っても、坐禅、瞑想、写経など、種類はさまざま。
実は、読経など朝夕のお勤めを参拝することも、精進料理を食べることも、
掃除をすることも、全て修行と考えられているので、
その種類は多岐にわたります。

本書内に掲載されている寺院の多くは、
「修行体験500円引き」「お守りプレゼント」などの特典つきです。

お寺に足を運び、その空気に触れ、修行にいそしむ特別な時間。
それは、あなたに新しい出会いや気づきを与えてくれるはずです。

Index

のついているお寺には特典があります。

福井県
- 曹洞宗大本山吉祥山永平寺 …… 64
- 浄土宗光明山悟慎院善導寺 …… 156

滋賀県
- 天台宗総本山比叡山延暦寺 …… 80

京都府
- 天台宗寂光山常照寺 …… 88
- 日蓮宗青蓮院門跡 …… 90

島根県
- 曹洞宗月光山宗見寺 …… 156

兵庫県
- 天台宗御嶽山播州清水寺 …… 110
- 臨済宗南禅寺派天照山明泉寺 …… 120
- 浄土宗大悲山成覚院安養寺 …… 122

岡山県
- 浄土宗天崇山泰安寺 …… 156
- 天台宗眞岳山大護寺明王院 …… 156

福岡県
- 浄土宗誕生山聖光院吉祥寺 …… 124

沖縄県
- 金峯山修験本宗南陽山金龍寺本堂 …… 136
- 金峯山修験本宗法光山道心寺 …… 138

三重県
- 曹洞宗塔世山四天王寺 …… 76
- 金峯山修験本宗紫雲山慈唱院 …… 78

奈良県
- 金峯山修験本宗総本山國軸山金峯山寺 …… 140
- 華厳宗大本山東大寺 …… 148

和歌山県
- 高野山真言宗総本山高野山金剛峯寺 …… 128

大阪府
- 和宗総本山荒陵山四天王寺 …… 96
- 融通念佛宗総本山大源山大念佛寺 …… 112
- 曹洞宗仏日山吉祥林東光院萩の寺 …… 92
- 浄土宗天龍山千日前法善寺 …… 94
- 和宗荒陵山勝鬘院愛染堂 …… 104
- 和宗光徳山瑞雲寺真光院 …… 106
- 真言宗泉涌寺派紫金山法樂寺 …… 108

愛媛県
- 曹洞宗霊松山西光寺 …… 156

熊本県
- 日蓮宗六条門流肥後本妙寺 …… 126

4

北海道
金峯山修験本宗大祐山蔵王寺……24

宮城県
浄土宗極楽山西方寺……26

山形県
曹洞宗龍門山祥雲寺……28
天台宗宝珠山立石寺……156

栃木県
天台宗日光山輪王寺……30
日蓮宗法光山妙金寺……156

埼玉県
天台宗揺光山最明寺……42
曹洞宗安楽山高福寺……44
真言宗智山派医王山福聚院蓮光寺……46
曹洞宗福王山正覚寺……156

山梨県
曹洞宗種月山耕雲院……74
日蓮宗総本山身延山久遠寺……48
時宗藤澤山浄光寺……156
天台宗安禅院円満寺……156
臨済宗建長寺派小竹山東際寺……72
臨済宗建長寺派広済寺……62
曹洞宗大本山諸嶽山總持寺……60

神奈川県
曹洞宗大本山諸嶽山總持寺……32

東京都
浄土宗大本山増上寺……16
日蓮宗小伝馬町身延別院……56
浄土宗如法山感応寺……58

茨城県
天台宗曜光山月山寺……40

本書の使い方

A 特におすすめの修行体験が
一目でわかるアイコン

- 料理
- 祈祷
- 写経
- 坐禅
- 滝行
- 茶道
- 法要
- ヨガ

B 特におすすめの
修行体験

その寺が特におすすめする修行体験とその特徴を詳しく紹介。

C 修行体験の流れ

予約の仕方、当日の流れ、所要時間、料金、日時などを詳しく紹介。

D お坊さんからのメッセージ

お坊さんのお顔写真とともに、心癒されるお言葉、ためになるお言葉を掲載。

E 基本データ

所在地、連絡先、アクセス方法などのお役立ち情報を掲載。

F 本書内の30ヶ寺には嬉しい特典付き！

特典がある寺院で本書を提示して下さい。
寺院の受付で該当ページ左下の🏯にチェックを入れてもらって下さい。
1ヶ寺につき1回のみ有効（🏯にチェックが入っているかが目印）、本書最終ページに掲載されている発行日から3年間有効です。

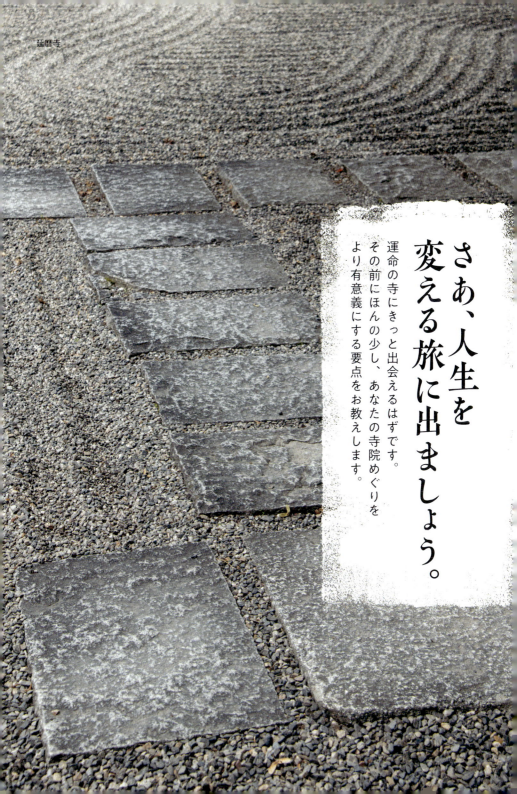

さあ、人生を
変える旅に出ましょう。

運命の寺にきっと出会えるはずです。
その前にほんの少し、あなたの寺院めぐりを
より有意義にする要点をお教えします。

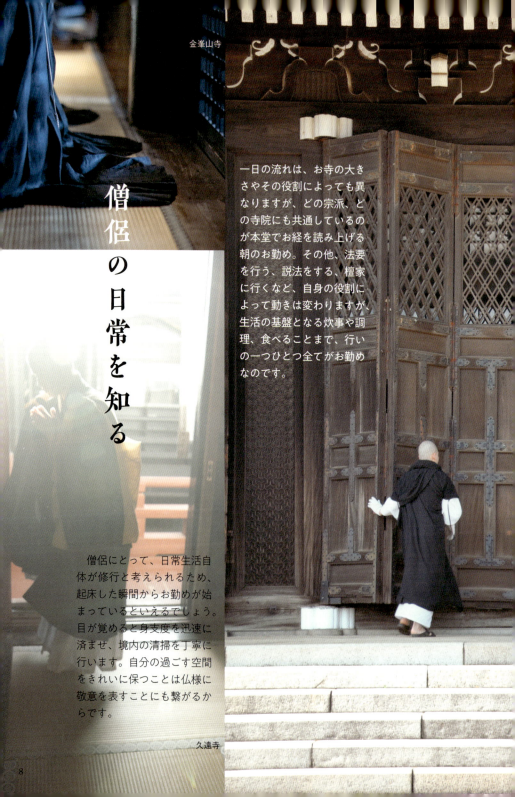

金峯山寺

僧侶の日常を知る

一日の流れは、お寺の大きさやその役割によっても異なりますが、どの宗派、どの寺院にも共通しているのが本堂でお経を読み上げる朝のお勤め。その他、法要を行う、説法をする、檀家に行くなど、自身の役割によって動きは変わりますが、生活の基盤となる炊事や調理、食べることまで、行いの一つひとつ全てがお勤めなのです。

僧侶にとって、日常生活自体が修行と考えられるため、起床した瞬間からお勤めが始まっているといえるでしょう。目が覚めると身支度を迅速に済ませ、境内の清掃を丁寧に行います。自分の過ごす空間をきれいに保つことは仏様に敬意を表すことにも繋がるからです。

久遠寺

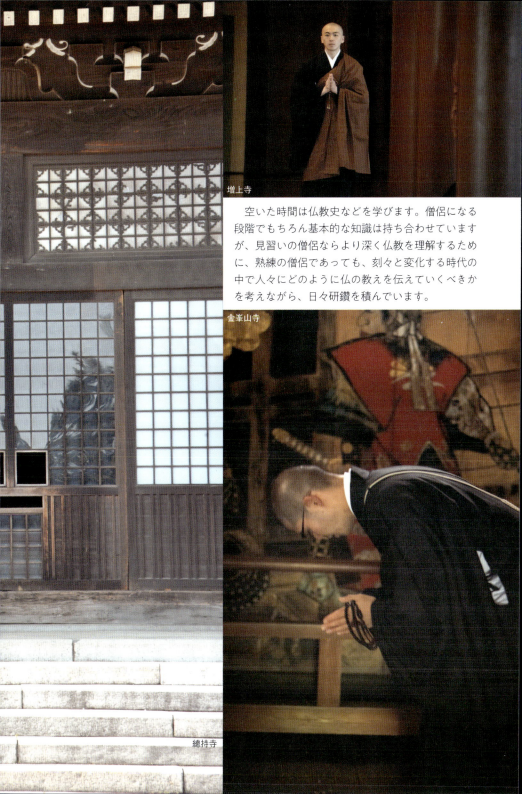

増上寺

空いた時間は仏教史などを学びます。僧侶になる段階でもちろん基本的な知識は持ち合わせていますが、見習いの僧侶ならより深く仏教を理解するために、熟練の僧侶であっても、刻々と変化する時代の中で人々にどのように仏の教えを伝えていくべきかを考えながら、日々研鑽を積んでいます。

金峯山寺

總持寺

春夏秋冬

増上寺　　延暦寺　金剛峯寺　　永平寺

庭園を有するお寺、山自体が境内と考えられているお寺……いにしえの時代から、お寺と自然は密接に繋がっていました。季節折々の自然の営みを感じることで、心が洗われます。

寺院建築

總持寺

お寺めぐりをしていると、寺院の門を山門と呼ぶところと三門と呼ぶところがあることに気づくことでしょう。仏教伝来時には平坦な土地にあった寺院ですが、平安時代になると山岳地帯に建てられるようになり、各寺に山号がつけられたことから寺院の門も山門と呼ぶようになりました。三門は「三解脱門」の略。禅宗の本山等に多く見られます。

朝昼晩

金峯山寺　　　　　　　　　　　　金剛峯寺　金峯山寺

時を知らせる鐘とともに、お寺の時間は悠然と過ぎていきます。時の移ろいを感じることで、心が穏やかになります。

金剛峯寺　　　増上寺

屋根の鬼飾り、扁額（へんがく）、火灯窓（かとうまど）、襖絵（ふすまえ）など、寺院内には仏教美術が随所に。芸術的とも言える意匠に触れることで、心が豊かになります。

金剛峯寺

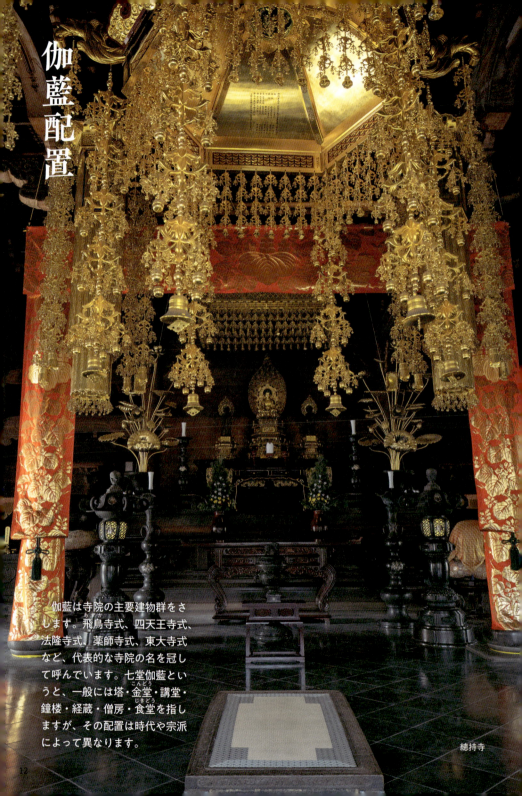

伽藍配置

伽藍は寺院の主要建物群をさします。飛鳥寺式、四天王寺式、法隆寺式、薬師寺式、東大寺式など、代表的な寺院の名を冠して呼んでいます。七堂伽藍というと、一般には塔・金堂(こんどう)・講堂・鐘楼・経蔵・僧房・食堂(じきどう)を指しますが、その配置は時代や宗派によって異なります。

總持寺

仏像

本来は仏の像、すなわち、釈迦如来、阿弥陀如来などの如来像を指しますが、一般的には菩薩像、天部像、明王像、祖師像などの仏教関連の像全般を総称して仏像と呼びます。仏像を見ると、心が清らかになるのを感じます。

増上寺

坐禅（座禅）

總持寺

　禅とは、思いにふける、瞑想の意で、それを坐して行うのが坐禅(座禅)です。坐はすわること自体を、座はすわる場所をさし、主に禅宗では坐の文字を使う傾向にあるようです。本書では、その寺院ごとの表記を尊重しています。寺院によっての文化の違いを感じて下さい。

宿坊と精進料理

久遠寺

　久遠寺のある身延山、金剛峯寺のある高野山など、宿坊を有する寺町も多くあります。宿泊し、精進料理をいただきながら、ゆったりとした時間の中で仏の教えを感じることができます。

寺院参拝のポイント

　まず門をくぐる前に一礼を。門をくぐると必ず手水場(ちょうずば)があるので、そこで柄杓(ひしゃく)で水を汲んで、左手、右手に水をかけます。もう1度水を汲んで、片手の手のひらに水を受けて口をすすぎます。終わったら柄杓をすすいで、元の位置に置きましょう。
　参拝者の鐘つきを許可しているお寺もありますので、鐘をつきたい人はぜひ経験してみてください。ただし早朝や夜間は控えましょう。
　まずは本堂での参拝を。本堂の前でローソクを灯すことで、仏様に知恵をもらうことができます。後の参拝者への心づかいとして、上の段から置くようにしましょう。
　次に線香を供えます。後の参拝者への心づかいとして、中央からさすとよいでしょう。
　鰐口(わにぐち)を鳴らしてから納札がある人は箱に入れます。写経を持参した場合は写経の納め箱へ。お賽銭は投げ入れるのではなく、賽銭箱に近づいて静かに落とすように入れましょう。本堂内は静かに参拝しましょう。一通り参拝が終わったら、納経所で御朱印は、いただくとよいでしょう。納経帳（御朱印帳）を渡すときも受けとるときも両手で行うのが礼儀です。
　お寺を後にする時は、門を出てから一礼をしましょう。

浄土宗 大本山 増上寺

東京都

じょうどしゅう だいほんざん ぞうじょうじ

東京タワーとお堂の粋なコラボレーション

増上寺

東京都港区、芝大門にある大本山増上寺は、600年の歴史を持つ徳川将軍家ゆかりのお寺。今日も多くの人々が足を運びます。

都心にある憩いの空間として、多くの人々に親しまれている境内。

東京タワーにほど近い
徳川将軍家ゆかりの都心の寺院

　東京の中心地、港区にある増上寺は、オフィス街のほど近くにある「街の寺」として知られています。

　この寺の顔、三解脱門をくぐると、平日はビジネスマン、週末は国内外の観光客で賑わう境内が広がります。

　右手に江戸三大名鐘のひとつと称される鐘楼堂を見ながら奥へ進むと、正面に大殿が見えてきます。

　大殿に至る道程は穢土から極楽浄土に至る世界を表しており、そこには御本尊である阿弥陀仏が鎮座。西方極楽浄土の如く、西に位置している点が特徴です。

　大殿の右手にある趣きあるお堂は、家康ゆかりの仏様「黒本尊」をお祀りする安国殿。その脇から回り込みさらに奥に進むと立派な徳川家霊廟があります。

子育てや安産祈願に訪れる参拝客も。境内には色あざやかな風車をつけたお地蔵様がたくさん並んでいます。

光摂殿大広間の天井には、120名の日本画家による「四季の草花」をテーマにした絵が奉納されています。(通常非公開)

たくさんの人々に愛される東京都心の憩いの寺へ

1 大本山の念仏の根本道場、大殿。 2 近隣のホテルに宿泊する外国人観光客の姿も。 3 大殿にある阿弥陀如来像。

増上寺

6人の将軍、5人の正室、5人の側室、歴代将軍の子女多数が埋葬されている徳川将軍家墓所。昭和20年の2度にわたる空襲で被災。戦後現在地に改葬されました。

徳川家のシンボル、「三つ葉葵」の家紋を発見！

敷地の奥まで進むと現れる歴代将軍家の壮麗な墓碑

　徳川将軍家墓所に埋葬されているのは、二代秀忠、五代将軍兄弟の綱重、六代家宣、七代家継、九代家重、十二代家慶、十四代家茂の6人の将軍の他、女性では将軍正室として二代秀忠夫人崇源院、六代家宣夫人天英院、十一代家斉夫人広大院、十三代家定夫人天親院、十四代家茂夫人静寛院の5人。将軍の側室としては三代家光の桂昌院、六代家宣の月光院など5人。その他将軍の子女を含む計38人です。この空間に立つと歴史の重みが感じられ、増上寺が徳川家ゆかりの寺院であることを実感することでしょう。

「西国の果てまで響く芝の鐘」大梵鐘の大きさは東日本で最大級！

江戸三大名鐘のひとつに数えられる大梵鐘。江戸時代の川柳には「今鳴るは芝（増上寺）か上野（寛永寺）か浅草（浅草寺）か」「西国の果てまで響く芝の鐘」などと謳われ、庶民に親しまれました。

増上寺

清らかで凛とした空気の中
一日の始まりを実感できる法要

浄土宗の開祖・法然上人は、「ただ一向に念仏すべし」と、つまり口で南無阿弥陀仏と唱えれば、仏様がお導きくださり、平和な毎日を送れ、必ず極楽浄土に往生することができる、と説いています。大殿で毎朝6時から行われている朝の法要は、誰でも見ることができるため、お坊さんが朗々とお経を読む姿を見て心を調えてから仕事場へ向かうビジネスマンもいるそう。近隣のホテルに宿泊している外国人がジョギングの合間に立ち寄る姿も見られます。

朝の静謐な空気の中で行われる朝勤行。

厳かな空間で行われる朝のお勤めを眺め、心を鎮めて

朝勤行には入れ替わり立ち替わり参拝者が訪れます。

修行体験の種類

朝勤行
毎日　6:00〜

日曜大殿説教
毎週日曜日　9:00〜

別時念仏
毎月24日　18:30〜

写経会
毎月14日　14:00〜
（7、8月は除く）
参加冥加料　2,000円
※13:00〜大殿1階にて受付後、ご法話を聞いてから写経会が始まります。小筆は受付でも販売しています。

DATA

正式名
浄土宗大本山増上寺
所在地
東京都港区芝公園4-7-35
📞 03-3432-1431
💻 http://www.zojoji.or.jp
アクセス
🚃 JR・東京モノレール浜松町駅から徒歩約10分、都営地下鉄三田線御成門駅から徒歩約3分、芝公園から徒歩約3分、都営地下鉄浅草線・大江戸線大門駅から徒歩約5分、都営地下鉄浅草線大門駅から徒歩約5分、都営地下鉄大江戸線赤羽橋駅から徒歩約7分、東京メトロ日比谷線神谷町駅から徒歩約10分

都心に面しており、近隣には飲食店やホテルが多く賑やか。日比谷やお台場など人気スポットへのアクセスも抜群です。

きんぷせんしゅげんほんしゅう だいゆうざん ざおうじ

蔵王寺では、「首から上の守り神」脳天大神の御分霊もお祀りしています。

病気平癒、合格祈願、厄除祈願…さまざまな願いを持った人々が祈祷に集います。脳天大神は受験の守り神としても有名。

小樽のパワースポットとしても人気
総本山金峯山寺の北海道別院

蔵王寺（ざおうじ）北海道
金峯山修験本宗 大祐山

　蔵王寺は、眼下に石狩湾を一望し、手稲山の裾野に抱かれた、大自然を道場とする金峯山修験本宗の寺院。修験道は、大自然の霊気の中に身をおいて、改めて自己を見つめ修行することで自然と一如の境地を目指す、実修実験の宗教です。

　日本には、昔からお参りするだけで私たち人間の罪、穢れが浄められるといわれる九品浄土（くぼんじょうど）があり、本山の金峯山寺は、そのひとつで金峯山浄土と言われ、はるか奈良、平安の昔から人々の信仰を集めていました。蔵王寺は、その金峯山寺の別院となっています。

　ここでは、金峯山寺塔頭の龍王院脳天大神御分霊もお祀りしています。首から上の病気だけではなく、色々な願いを持った人、入試合格を願う人などたくさんの人々が参拝に足を運び、最近は小樽のパワースポットとしても人気です。

おすすめ修行体験

採灯大護摩供・火生三昧

たくさんの山伏が出仕して厳修される採灯大護摩。大護摩供の後、火生三昧という火渡りを開催。護摩の炭を敷き詰めた道の上を裸足で歩き抜けます。火の上を歩くことにより、知らず知らずに犯している罪を焼き祓い、心身ともに清め、六根清浄を極め生まれ変わり、心願成就・大願成就等、得難きご利益を授かると言われています。

手稲山の山すそに抱かれ、石狩湾を一望できるロケーションが魅力の蔵王寺。大自然に囲まれながら、自己を見つめ直すひと時を。

毎年春と秋に開催される大祭では、採灯大護摩供・火生三昧を開催。私たちが日頃、知らず知らずに犯している罪を焼き祓い、心身を清めます。

採灯大護摩供・火生三昧の流れ

当日受付 → 大護摩供 → 火生三昧
トータルで約1時間半

● 護摩の炭を敷いた道を裸足でチャレンジ！

料金　無料
日時　5月第4日曜日12:30～
　　　10月第1日曜日11:00～

住職
五條覚堯さん

お坊さんからのメッセージ

厳しすぎる行も、ゆるやかすぎる行もいけない。中道が大事で、それは人間の平常心に繋がります。真ん中に心を保つことが大事ですね。

DATA

正式名
金峯山修験本宗大祐山 蔵王寺

所在地
北海道小樽市星野町6-15

☎ 0134-62-2088
🖥 http://www.nouten3.com

アクセス
🚃 JRほしみ駅から徒歩約3分
🚗 札樽銭函ICから約800m

浄土宗 極楽山

宮城県

定義如来 西方寺
(じょうぎにょらい さいほうじ)

ヒバ材香る本堂。八角形の大天蓋は6mの大きさがあり、美しいステンドグラスと二十五菩薩が静かに迎えてくれます。

1 総青森ヒバ白木造りの現本堂は、6年の歳月を費やし平成11年に完成しました。2 山奥にあるものの、古くから参拝客を集めており、観光客数は年間100万人前後を誇ります。3 高さ29m、総青森ヒバ造の五重塔。平貞能への報恩感謝とその供養、人類の恒久平和を祈念するシンボルの塔として建立されました。

おすすめ修行体験
御祈祷

西方寺の御祈祷は、御本尊定義如来に自分の願いごとを祈るための法要。一年や人生の節目において御加護をいただく法要でもあります。御祈祷者には願意と名前を入れたお札とお守りを授与。また、祈祷以外にも貞能堂にて写経体験や、毎月1日には念仏会なども無料で実施。

> 本堂で受けられる御祈祷は、人生の節目において御加護をいただく貴重な法要。住所、名前、願いごとを唱え、その証としてお札とお守りが授与されます。

> 昭和7年建立の楼門形式の山門。気仙大工の巨匠花輪喜久蔵が設計・施工。石井寅正による緻密な彫刻が施され、参拝客を迎え入れます。

一生に一度の大きな願いごとも叶える平家落人の里、庶民信仰の祈祷寺院

　緑豊かな山間に位置する西方寺。一般的には「定義如来（じょうぎにょらい）」と呼ばれています。その由来は、肥後守である平貞能にあります。平家が壇ノ浦の戦いに敗れた後、貞能は源氏の追討を逃れてこの地に隠居。世をはばかり、名を「定義」と改めました。のちに、この地は定義と呼ばれ、如来様の名も定義如来と呼ばれるようになりました。そして、宝永3年（1706年）には極楽山西方寺が開創されました。

　境内の御廟、山門、鐘楼堂、手水舎、御守授所は三陸地方の大工集団の気仙大工花輪伝吉が手がけ、彫刻は石井寅正によるもの。いずれも登録有形文化財に指定されています。

　本尊では、一生一代の大願も叶えて下さる如来様と古くから信仰され特に縁結び、子宝、安産の御祈祷や営業繁盛等の御祈祷が毎日執り行われています。

御祈祷の流れ

15分前に受付 → 本堂入堂 → 御祈祷 → お札・お守りの授与　**トータルで約30分**

料金　紙札2,000円～、小木札3,000円～、交通安全木札2,500円～

日時　毎日開催

住職　大江田紘義さん

お坊さんからのメッセージ

平家ゆかりのお寺で、御本尊は一生に一度の大きな願いごとを叶えてくださる阿弥陀様と伝えられています。古くから多くの方が願を持ってお参りされ、人々の『心のよりどころ』となっています。自然豊かなこの仙台の山奥にどうぞご縁を結んでください。

DATA

正式名
浄土宗極楽山西方寺（定義如来）

所在地
宮城県仙台市青葉区大倉字上下1

☎ 022-393-2011
✉ saihouji@johgi.or.jp
🖥 http://www1.securev.jp/~johgi/index.html

アクセス
🚌 JR仙台駅からバスで約90分、定義（終点）下車、徒歩約5分
🚗 東北自動車道仙台宮城ICから約40分

※参拝時間は7:00～16:30

曹洞宗 龍門山 祥雲寺(しょううんじ)

山形県

おすすめ修行体験
坐禅拝観

祥雲寺では専用の坐禅堂を坐禅体験のために開放しています。近年は、国内旅行者に限らず、近隣のゲストハウスからの海外旅行者の参加が増えています。子供会、企業等の団体も受け入れています。

1 楯岡城鬼門の地に建つ祥雲寺。古杉と緑に囲まれた境内で歴史に思いを馳せて。2 境内には、四季折々の風景が楽しめる庭園も。3 赤い帽子と前掛けをつけ、整列する六地蔵。

さまざまな草花が描かれた絵天井の間。市指定文化財であった「からかさ松」が枯れてしまったために、その木材を使い、永平寺の傘松閣を模して檀信徒が描きました。

坐禅堂での坐禅体験。専用の坐蒲に腰掛けて心を静寂に保つ時間。年齢や国籍を問わず、多くの参拝客が坐禅体験に足を運びます。

「山の寺」と親しまれる閑静な禅寺で高くそびえる杉の古木に囲まれて

　山形空港から車で約15分、村山市楯岡の東沢公園側に古杉に守られた閑静な禅寺があります。地元の人々から通称「山の寺」と親しまれる祥雲寺です。

　応永13年（1406年）、出羽最上家三代の最上満直は四男の満国を楯岡の地に配しました。満国は楯岡城を居城とし、その城の北鬼門として、日山良旭禅師を開山に迎えて祥雲寺を建立しました。その後、永禄元亀年間（1561年～）に、再興され今に至ります。

　祥雲寺は出羽七福神八霊場のひとつであり、毘沙門天を祀っています。毘沙門天は武神として名高く、栄光、勇気、家内安全のご利益があるという言い伝えも。境内には、専用の坐禅堂があり、誰もが気軽に訪れ、坐禅を通して仏教に触れることができます。

出羽七福神八霊場のひとつとして毘沙門天を祀る祥雲寺。毘沙門堂内に3mの外仏を配し、毎年6月3日には内仏を開帳しています。

坐禅拝観の流れ

申し込み（電話・メール） → 当日受付 → 坐禅堂へ移動 → 坐禅体験 → 諸堂拝観

トータルで約1時間～

料金　1,000円
日時　随時受付

※所要時間は、希望により変動

📖 **本の特典**　坐禅拝観が500円引き

副住職
金森成裕さん

お坊さんからのメッセージ

禅寺では、日々の生活全てが修行と捉えます。させられているのではなく、させていただいている。まずは気持ちから前進していきましょう！

DATA

正式名
曹洞宗龍門山祥雲寺

所在地
山形県村山市
楯岡湯沢14-1

📞 0237-53-2261

✉ shige7936rld@cpost.plala.or.jp

🖥 http://www.dewa7fukujin8.com/
（出羽七福神HP）

アクセス
🚅 奥羽本線村山駅からタクシーで約5分
🚗 山形自動車道東根ICから約20分

_{てんだいしゅう にっこうざん りんのうじ}

天台宗 日光山
輪王寺
_{りん のう じ}

栃木県

おすすめ修行体験

坐禅体験

世界遺産の境内での坐禅体験。社会の複雑化が進み混沌とする昨今、現代人は誰もが、仕事や人間関係による様々なストレスを抱えています。ほんのわずかな時間、心を無にし、自己を見つめ直す時間に。

常行堂は、嘉祥元年（848年）に慈覚大師円仁によって、比叡山延暦寺の『にない堂』を模して建立されました。

世界遺産日光の境内で1番大きな門。持国天、広目天の二天を安置していることから二天門と呼ばれています。正面の扁額は、108代天皇後水尾上皇による筆。

奈良時代から1250年の時が流れる
皇室・将軍家ゆかりの神仏習合の聖地

　日光は、今では輪王寺・東照宮・二荒山神社の二社一寺に分かれていますが、明治以前は日光山としてひとつに包括された関東の一大霊山でした。天平神護2年（766年）に勝道上人によって開かれた日光山は、古くから山岳信仰や神仏習合による修行、祈願の道場として発展。平安時代には空海ら高僧の来山が伝えられ、鎌倉時代には源朝の寄進が行われました。さらに、江戸時代には徳川家康を祀る東照宮や徳川家光の廟所大猷院が建立されました。

　輪王寺の境内地は大きく分けて山内と、いろは坂を登った奥日光の2ヶ所。本堂（三仏堂）や常行堂などのお堂や本坊、15の支院を統合して輪王寺と呼びます。「世界を平和の輪でつなぐ」日光山輪王寺は、日本人の心にある神仏を畏れ敬う精神が呼び覚まされる場所。今日も全国、各国からの参拝客で賑わい、信仰を集めているのです。

紫雲閣での写経体験。「本覚讃」という56文字のお経を書き写します。書く速さや、文字の美しさを競うものではありません。一文字一文字、仏様を刻むつもりで。

常行堂での坐禅体験。孔雀に乗った姿の御本尊、宝冠五智阿弥陀如来と向き合い、自己を見つめ直します。

坐禅体験の流れ

申し込み（電話） ─ 当日受付 ─ 説明 ─ 坐禅体験 ─ 法話 → トータルで約1時間

料金　1,000円（小・中学生は800円）
日時　随時受付（不定休）

📖 **本の特典**　坐禅体験参加で御本尊・宝冠阿弥陀如来のお守りをプレゼント
（写経体験は三仏堂の三体の御本尊のお守りをプレゼント）

常行堂執行
関口純一さん

お坊さんからのメッセージ

常行堂の宝冠阿弥陀如来様が乗る孔雀は、癒しと解毒の象徴。現代の人間は、忙しい時間の流れから抜け出すのが難しいと言われます。日常とは切り離された特別な空間で、ゆっくりと流れる時間を体験してください。

DATA

正式名
天台宗日光山輪王寺
所在地
栃木県日光市山内2300
📞 0288-54-0531
💻 www.rinnoji.or.jp
アクセス
🚌 JR日光駅・東武日光駅からバスで約10分、勝道上人像前・大猷院二荒山神社前下車すぐ
🚗 日光・宇都宮道路
日光ICから約10分

※拝観時間は4月～10月が8:00～16:30、11月～3月が8:00～15:30

そうとうしゅう だいほんざん しょがくさん そうじじ

曹洞宗 大本山 諸嶽山

神奈川県

總持寺
(そう)(じ)(じ)

朝、世の中が目覚める前に
お勤めスタート

「転読大般若」と呼ばれる御祈祷は圧巻。毎朝大般若経600巻を転読し、世界平和や参拝者の平安を祈願しています。

總持寺

のびやかな境内は、参拝者のみならず、近隣の親子連れなど、多くの人をあたたかく受け入れています。

季節ごとに咲く花や樹々に癒されに足を運ぶ参拝者も。

横浜の地に深く根づく、国際的にも開かれた禅寺

　曹洞宗には大本山が2つ。福井の永平寺と、ここ横浜・鶴見の總持寺です。永平寺は道元禅師が、そして總持寺は瑩山禅師が開いたお寺。總持寺の起源をひもとくとその歴史は700年と長く、もとは能登半島の一角、櫛比庄（現在の石川県輪島市）で開かれ約16,000ヶ寺の法系寺院を擁していました。ところが明治時代、火災により伽藍の多くを焼失、大英断をもって現在の地に移転したのです。移転後100年以上経った今では、多くの修行僧をかかえる曹洞禅の根本道場でありながら、地域の人々が日々集う親しみやすい禅寺として、檀信徒の心の寄り所となっています。

　また、横浜港から近いという立地も手伝い、国際的な禅の根本道場として、毎年外国から多くの参拝者が訪れるのもこの寺院の特徴のひとつ。駅からほど近い広大な境内に身を置けば、あらゆる人々に広く開かれたこの寺院の懐の深さを感じることでしょう。

時を告げる鐘をつくことも
修行のひとつです。

新貫首の入山式、正月、7月のみ霊まつり、11月
の御移転記念日のときに開扉される「向唐門」。

「胸なりて　われ踏みがたし　氷より　すめる　大雄宝殿の床」
(与謝野晶子)

七堂伽藍の中心部に配置されている、大雄宝殿と呼ばれる佛殿。佛殿内部
の中央の須弥壇上には、御本尊である釈迦牟尼如来が祀られています。

總持寺

土間をダッシュしながら素早く水をかけたら、列をなし、拭き漏れのないようくまなく雑巾がけ。

\ 自分と向き合いながら /
\ 長い廊下を磨きます /

百間廊下の雑巾がけも立派な修行

長さ164メートル。東西の殿堂群を繋ぎ合わせて、外苑と内苑とを分ける廊下は通称「百間廊下」と呼ばれています。廊下の途中にはそれぞれ、朝を表す金鶏門（東）、昼を表す中雀門（中央）、夜を表す玉兎門（西）と呼ばれる脇門（通用門）があり、日々、洒掃行と呼ばれる廊下の雑巾がけが行われています。

總持寺

禅の教えに基づいた美しい食事の所作

食事の準備を手分けして行います。

袱紗を解いて応量器を並べます。

配膳後、「五観の偈」等を唱えます。

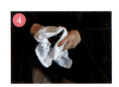
食後、浄水をもらい大きい器から順に洗います。

布巾で応量器の水分を拭き取ります。

応量器を重ね、袱紗で包み「ごちそうさま」。

炊事も食事も修行のひとつ!

　修行僧の食事の根底には禅の教えがあり、炊事から食べることまで全てが修行とみなされています。無駄のない献立は、健康を維持し、厳しい修行を続けるために工夫されています。

　食事の所作は、まず応量器が包まれた袱紗を手に取り前に置き、袱紗を解いて食器を並べます。食事係の僧が配膳し終わると「五観の偈」等の食事訓を唱えます。食べ終わったら、刷という道具を使い、一番大きい器に注がれた浄水(お湯)で食器を洗います。大きい器から中、小の器へと順番に洗っていきます。きれいな布巾で応量器の水分をふき取り、重ね、袱紗で包み、「ごちそうさま」に相当する偈文を唱えたら終了です。

修行体験の種類

諸堂拝観
境内は自由に参拝可能。諸堂内は修行僧の案内で拝観可能。1周約1時間のコース。

予約拝観 随時
定時拝観 10:00〜、11:00〜、13:00〜、14:00〜、15:00〜
拝観料 1人400円。30名様以上は1人350円)
※本山行持の都合により、定時拝観を行っていない場合があります。

坐禅会（自由参加型）
開催日 毎月指定した土曜日（月例参禅）及び土日（禅の一夜）を自由参加の坐禅会として開催（7、8月は休み）。
参加費 500円（月例）6,000円（禅の一夜）
持参品 ジャージ等の坐禅しやすい格好（更衣室があります）。禅の一夜は希望者に1,000円にて坐禅着を貸し出します。

暁天参禅
開催日 毎月指定した日曜日を自由参加の坐禅会として開催（7、8月は休み）。
参加費 300円（AM5:15受付）
持参品 ジャージ等の坐禅しやすい格好（更衣室があります）。

英語参禅（English）
開催日 7、8月は休み
参加費 500円
持参品 ジャージ等の坐禅しやすい格好（更衣室があります）。
※英語で指導します。
zazen-kai (English)

※参禅会、暁天参禅、英語参禅は、整髪料、香水・アクセサリー等をつけての参加はご遠慮下さい。
※15名以上のグループの場合は、事前に問い合わせを。
※他、予約参加型の坐禅会(15名以上、他条件あり)もあるので問い合わせを。

DATA
正式名
曹洞宗大本山
諸嶽山總持寺
所在地
神奈川県横浜市鶴見区鶴見2-1-1
☎ 045-581-6021(総合受付)
045-581-6086
（大本山總持寺布教教化部参禅室）
🖥 http://www.sojiji.jp/
アクセス
🚃 JR京浜東北線鶴見駅から徒歩約7分、京浜急行線鶴見駅から徒歩約10分
🚗 (東京方面から)
首都高速横羽線汐入ICから約15分
(横浜方面から)
首都高速横羽線生麦ICから約10分

延宝8年（1680年）創建の月山寺本堂。

天台宗 曜光山 月山寺
（てんだいしゅう ようこうざん がっさんじ）

茨城県

承応4年（1655年）創建、指定文化財にもなっている月山寺法談所。

さまざまな樹木が生える美しい庭園。11月には、見事な紅葉の風景が楽しめます。

寺ヨガの様子。広いスペースを使って気持ちよく身体の曲げ伸ばしを。

おすすめ修行体験
寺ヨガ＆寺ベジ＆プチ修行

はじめに本堂で本格ヨガを体験し、天台青年僧による座禅止観または写経のレッスン、その後料理研究家による精進料理教室があり、最後は寺カフェでコーヒータイム。心と身体の癒しの空間を体感できます。

関東天台宗の中心的な学問所で
ヨガと精進料理に癒される時間

寺ベジの精進料理はプロの料理研究家によるメニュー。体内のデトックスも発散されそう！

　月山寺は延暦年中（782〜806年）鎮護国家を祈願する寺として、法相宗の高僧の徳一により開山。室町時代の応永28年（1421年）には、天台学僧の光栄により天台宗に改宗され曜光寺と名を変えました。やがて関東天台の中心的な学頭寺として日本各地から学僧が集い、江戸時代には天台宗の学問所である関東八檀林のひとつとして発展。境内にある茅葺き屋根の法談所は、いわゆる教室のようなもの。関東最古の法談所として当時のままの姿を残しています。

　また、併設する美術館では、国・県指定の重要文化財や美術作品約80点を展示。僧侶の学問所としての月山寺の歴史に触れることができ、歴代の学頭によって大事に護られてきた伝統を実感できます。

境内には美術館を併設。網代笈（あじろおい）や紺紙金泥法華経八巻、蓬莱山文呉須大皿などを展示。

寺ヨガ＆寺ベジ＆プチ修行の流れ

申し込み（電話・メール）→ 当日受付 → ヨガ体験 → 座禅止観or写経レッスン → 精進料理教室 → 寺カフェ

トータルで約3時間

● コーヒータイムを楽しみます。

料金　3,000円〜5,000円　　日時　随時受付

住職
光榮純貴さん

お坊さんからのメッセージ

心のよりどころとなる癒しの寺を目指しています。寺ヨガ＆寺ベジ＆プチ修行は、心と体が癒される貴重なひと時。この機会に、若い方のご来山も是非お待ち申し上げております。

DATA

正式名
天台宗曜光山月山寺

所在地
茨城県桜川市
西小塙1677

☎ 0296-75-2251

✉ gassanji@mail.goo.ne.jp

アクセス
🚃 JR羽黒駅から
徒歩約10分

🚗 北関東自動車道笠間西ICまたは桜川筑西ICから約10分

天台宗 揺光山 最明寺
さいみょうじ
埼玉県

てんだいしゅう ようこうさん さいみょうじ

御本尊の阿弥陀如来像。

晴れた日には茶席が設けられ多くの観光客の方が参拝に訪れます。

坐禅指導の様子。慌ただしい日常から距離をおき、自分を見つめ直す時間に。

初心者には先生が丁寧に指導。最後には、暗闇でロウソクを灯す瞑想の時間も。

おすすめ修行体験

坐禅・ヨガ

月1回、坐禅とヨガの会を開催しています。京都・比叡山延暦寺で修行した後にインド留学もした体験がある副住職による坐禅指導、インストラクターによるキャンドルを使ったヨガを楽しんで。男女比は同じくらいで初心者も大歓迎。定員は30名。

気軽に仏教の面白さを体感できる
観光地、小江戸川越の憩いの場

本堂で行われるコンサートの様子。定期的に、ジャズや太鼓などの音楽イベントを開催しています。

　毎年、国内外から多くの観光客が訪れる川越には宗派を超えた72の寺院が存在します。これは、徳川の時代に街の中心には川越城があり、城下町としてお寺が多く建立された名残だそう。お寺なしに小江戸川越は語れません。最明寺は、そんな寺町川越に弘長2年（1262年）北条時頼により創建されました。

　お寺というと、何故か近寄りがたいイメージがありますが、本来、寺とは地域のために塾や避難所などを開いたコミュニティの中心地。最明寺はその原点に回帰することを目標とし、本堂を解放して行う坐禅やヨガの会、音楽コンサートなど、女性や若者が気軽に足を運べるイベントを実施。身近な仏教文化やそれに通ずるものから、仏教そのものの面白さに気づいてほしいというお寺の思いが感じられます。

社会福祉活動にも取り組む最明寺。4月上旬には、国連の世界自閉症啓発デーに合わせて、本堂が青くライトアップ。

4種類の御朱印は各300円。仏教の面白さを伝えに天界から降りてきた菩薩様「さいみょうくん」と「さいみょうちゃん」のスタンプつき。

坐禅・ヨガの流れ

申し込み（メール・Facebook） — 当日受付 — お茶会 — 説明 — 坐禅 — 休憩 — ヨガ — 解散

トータルで約2時間

季節の和菓子と飲み物を楽しみます

料金　2,000円（お菓子、飲み物代込み）
日時　月1回開催

本の特典　坐禅・ヨガが500円引き

副住職
千田明寛さん

お坊さんからのメッセージ

よく坐禅を体験される方は煩悩を失くさなければいけないと一生懸命になります。でも、そう考えること自体が既に煩悩。忙しい現代だからこそ、まずは何も考えずにただ止まって自分を観てみませんか。

DATA

正式名
天台宗揺光山最明寺

所在地
埼玉県川越市小ヶ谷61番地

049-242-3921
mail@saimyouzi.com
https://www.saimyouzi.com

アクセス
JR西川越駅から徒歩約7分、JR本川越駅からバスで約20分、水上公園入口下車すぐ

古くから修験の道場として、また禅寺の修行道場として山の中で守られてきました。

曹洞宗 安楽山 高福寺
埼玉県

そうどうしゅう あんらくざん こうふくじ

大自然に囲まれ開かれた山寺で
さまざまな修行体験を通して仏教を知る

　埼玉県入間郡、豊かな自然が共存する毛呂山町にある高福寺。この地は、1500年前に行基菩薩が修行の山として開山した桂木山を中心として、古来より修験道場として多くの修行者を受け入れてきました。桂木という地名は、奈良の葛城修験者が「この地は葛城と同じ修行の山である」と言ったことに由来しています。

　高福寺の開山は慶長中期（1605年）。修験の聖地である桂木の山を背に、禅道場であるお寺を使った坐禅体験・社員研修、そして桂木の山においては、滝行・登拝行（修験道）を実施。いつでも体験（要予約）ができるお寺として日々、多くの人々が集います。禅僧侶であり、山伏でもあるご住職がご案内。また、四季の食材を生かした精進料理も必食の価値あり。中でも、修行の努力によって作られるコシが強くとろりとした舌触りのゴマ豆腐は絶品です。

1 境内に続く山寺特有の階段。山門はいつも開かれ、来る人を迎え入れます。2 坐禅体験が行われる本堂。

約6時間の登拝行。1500年前に行基菩薩が開いた修行道場にて身を清め、深い山の中で修業を行います。（5,000円〜／人）

今の自己を見つめ、なぜ行った通りになる縁起の法を体感。坐禅はいつでも体験可能（1,000円／人）。毎月第1日曜日の8:00〜は月例坐禅会を開催しています。

おすすめ修行体験
滝行

滝行は早朝6:30〜。清々しい朝の空気に包まれて、清らかな山水で日頃の垢を洗い流して。日時によっては、夕方の開催も可能。

装束を身につけ、大自然の清らかな水の力で煩悩を洗い流します。厳しいからこそ見えてくるもの、身になるものがあるはず。修行後には、修行札が授与されます。12月〜3月の冬期は登拝行がおすすめ。高福寺では、滝行や登拝行（修験道）、坐禅や精進料理など、僧侶や山伏が日常で行なっているさまざまな修行や食事を体験できます。

滝行の流れ

申し込み（HP）— 当日受付 — 装束をレンタル — 行場へ移動 — 説明 — 滝行 — 修行札を授与 — 法話 → トータルで約40分

女性は着替え用の簡易テントを用意

料金　3,000円　　日時　随時受付（6:00〜。曜日によっては夕方も可）
※12〜3月の厳冬期は事故を防ぐため修行者以外の入滝お断り。冬場の滝行希望者には登拝行を推奨。

📖 **本の特典** すべての修行体験が1割引き

DATA
正式名
曹洞宗安楽山高福寺
所在地
埼玉県入間郡毛呂山町滝ノ入117
📞 049-294-0718
✉ soto-koufuku84@marble.ocn.ne.jp
🖥 http://www.koufukuji.net
アクセス
🚃 東武越生線東毛呂駅から徒歩約20分
🚗 関越自動車道鶴ヶ島ICから約30分、圏央道（首都圏中央連絡自動車道）鶴ヶ島ICから約30分

副住職　萩原裕史さん

お坊さんからのメッセージ
「そうだお寺に行こう」。高福寺は本来の修行道場の形である「山門はいつでも開いている」お寺です。坐禅をしてみたい、修行体験をしてみたい等理由は問いません。思い立ったらすぐにご連絡ください。

鍼灸マッサージが受けられる寺で
こころに癒しを、からだに健康を

真言宗智山派に属する蓮光寺は、明徳3年（1392年）に重元和尚により建立されました。御本尊である薬師如来のご利益を心身共に受けられるよう、「こころに癒しを、からだに健康を」をテーマに生きる人のためのお寺の実現を目指しています。現住職が持つ鍼灸マッサージの免許を活かし、体のケアと心理カウンセリングをお寺の中で受けられるようになっているのがこのお寺の魅力。また、若い人たちにもお寺や仏像に興味を持ってもらえるよう、スター・ウォーズに登場するストームトルーパーの木彫りの仏像を安置しています。他にも、より開かれたお寺として、俳優養成所と連携し毎年夏にショートフィルムの合宿撮影地としても利用されており、伝統と革新が融合する新しい形のお寺として、注目を集めています。

チャネリングやレイキ&リンパマッサージを受けられる癒し処、薬師庵。

しんごんしゅうちさんはにいざやくししれんこうじ
真言宗智山派
新座薬師
蓮光寺
埼玉県

金黄色に輝く薬師瑠璃光如来、日光菩薩、月光菩薩を守るように設置されているのはスター・ウォーズでおなじみのストームトルーパーたち。

境内では最も古く、ほぼ江戸時代の姿で保存されている山門。毎年夏には境内でショートフィルムの撮影が行われます。

新本堂は2010年5月に檀信徒の喜捨により、建立されました。本堂横にある客殿は、寺の行事や法事のほか、ローフードやフルーツ酵素のセミナー会場としても活用。

おすすめ修行体験

瞑想　阿字観体験

真言宗の瞑想である阿字観を体験します。阿字観では大日如来と一体となることで、心の安らぎと自分の心の無限の広がりを感じることができます。私たちは常に仏様と共にあり、共に歩んでいるという真理を感じて。

瞑想　阿字観体験の流れ

申し込み（電話・メール） → 当日受付 → 説明 → 阿字観体験 → 休憩 → 茶話会（お抹茶を楽しみます）

トータルで約1時間半

料金　2,000円（お抹茶代込み）　日時　随時受付

本の特典　瞑想　阿字観体験が500円引き

住職　上田昭憲さん

お坊さんからのメッセージ

いつ死ぬか誰にも分からず、一秒先すら予見できない中で生かされています。未来を不安に思ってもそうなるとは限りません。ならば、不安ではなく嬉しいことを想像して生きても同じことなのです。

DATA

正式名
真言宗智山派
医王山福聚院蓮光寺

所在地
埼玉県新座市馬場1-9-3

☎ 048-478-5671

✉ niiza.renkouji@gmail.com

🖥 http://renkouji.jp

アクセス

🚃 東武東上線朝霞台駅からバスで約15分、蓮光寺前下車すぐ

🚗 関越自動車道　大泉ICから約15分

日蓮聖人の思いが眠る
いざ、悟りの地へ

日蓮宗 総本山
身延山
久遠寺（くおんじ）

山梨県

にちれんしゅう そうほんざん みのぶさん くおんじ

朝昼夕、四季折々で違う顔を見せてくれる五重塔。特に桜の季節になると、五重塔と桜のコントラストを愛でに多くの参拝者が訪れます。

久遠寺

"登れば悟りに至る"
287段へのチャレンジ

三門から本堂へと続く287段の菩提梯は、南無妙法蓮華経の7字になぞらえ、7区画に分けられています。

一年を通じて、様々な表情を見せてくれる
情緒溢れる大寺院　久遠寺

　富士山頂よりほぼ西に位置する山梨県南部の身延山地。その一座である身延山に、弘安4年(1281年)に日蓮聖人が庵を構えたのが始まりとされる日蓮宗の総本山があります。遺言により日蓮上人の遺骨はここに安置され、御霊とともに祀られるようになりました。
　宿坊が軒を連ねる門前通りから壮大な三門を抜けると、久遠寺境内へと続く長い長い階段が目に入ります。
　この菩提梯と呼ばれる287段の石段は、「登り切れば涅槃に

日蓮聖人の御霊を祀る「棲神閣」と称する堂閣。明治14年、江戸にあった寺院のお堂を移築し、再建しました。

　達する」という意味があり、法華信徒がお題目「南無妙法蓮華経」を唱えながら登る姿を、季節を問わず時間を問わず見ることができます。

　階段を昇りつめると見えてくる広大な境内では、春には樹齢400年のしだれ桜が、秋は真っ赤に色づく楓が出迎えてくれます。

　本堂、祖師堂、仏殿納牌堂、五重塔など格式高い建物が建ち並んでおり、どれも歴史の重みが感じられます。

　さらに大木堂横から出ているロープウェイで奥之院まで昇ると、日蓮が父母を偲んで建てたとされる思親閣があり、富士山や駿河湾が一望できます。

ロープウェイで1153mの山頂へ！

久遠寺

紐を手にとって
精神統一

足を踏ん張って

少しずつ
力を加えて

テレビでも話題になった、見応えある鐘つきスタイル！

　久遠寺に行ったら、是非見て頂きたいのが大鐘の鐘つき。朝5時（冬は5時半）、夕方5時につかれるその鐘の響きは一里四方にも聞こえるといわれているのですが、その巨大な鐘をつくためには、僧侶が大きく身体をうねらせてつく必要が。その動きのダイナミックさが噂となり、朝夕の儀式を楽しみにやってくる人も多いとか。

地面に平行に！
ここまで反ります

大鐘楼で朝夕行われる鐘つきを目当てに訪れる参拝者も。

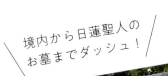

久遠寺

本堂で毎日行われる朝のお勤め。

大きな声、大きな動き、ハツラツとした修行シーンが見られます！

　久遠寺の朝勤は、4～9月は午前5時半から、10～3月は午前6時から始まります。数十人の僧侶が一堂に会し、大太鼓に合わせてお題目を唱える様子は荘厳かつ華やか。早朝の凛とした空気の中、重厚な空間に読経が響き渡ります。

　また、朝夕の境内では、バチで団扇太鼓を叩きながら練り歩く若いお坊さんの行列を目にすることができます。彼らは修行僧で、こうしてお題目を唱えながら西谷の御廟所まで行列をなし歩いていくのです。

太鼓を叩きながら歩くお坊さんたちの貴重な姿

修行体験の種類

朝のお勤め見学
4月〜9月　5:30〜
10月〜3月　6:00〜

昼のお勤め見学
12:00〜

夕方のお勤め見学
15:00〜

写経
宝物館では、拝観料（一般300円・大高200円・中小100円）を支払えば、自由に好きなだけ写経ができます。ひとつの写経が5分程でできるようになっており、様々な種類の写経が用意してあります。お経の解説も持ち帰ることができます。
※木曜日（木曜日が祝日の場合はその翌日）は休館日。拝観時間は9:00〜16:00（但し、入館は15:30まで）

参拝者の窓口受付時間
※予約なしでも参加できます（行事の都合でお休みすることもあります）。
4月〜9月　5:00〜17:00
10月〜3月　5:30〜17:00
※月によって受付時間が異なるのでご注意を。

DATA

正式名
日蓮宗総本山身延山久遠寺

所在地
山梨県南巨摩郡身延町身延3567

📞 0556-62-1011（代）

🔗 https://www.kuonji.jp/

アクセス

🚃 JR身延線身延駅からバスで約12分

🚗 中央自動車道中部横断道六郷ICから国道52号経由で約30分、東名・新東名高速新清水ICから国道52号経由で約40分

日蓮宗 小伝馬町 身延別院
東京都
にちれんしゅう こでんまちょう みのぶべついん

現在の本堂は、関東大震災によってこれまでのお堂が焼失したのちに、昭和4年に再建。第二次大戦の東京空襲を奇跡的に免れました。

おすすめ修行体験
御開帳・木剣祈祷

毎月1日は祈祷日と定められており、本堂に安置されている「願満日蓮大菩薩」御尊像の御開帳日。御尊像を拝みながら日蓮宗独自の木剣祈祷を受けることができます。予約は不要で9:00～16:00の時間内に受付。

1 所願成就、怨敵退散を祈る光明稲荷大明神。伏見稲荷から分祀され、全国に勧請されています。 2 恭敬合掌した石造りの浄行菩薩。御像をたわしでこすると、身心の垢が洗い落とされ、罪障消滅、当病平癒のご利益があると言い伝えられています。

江戸の小伝馬町牢屋敷跡に建立された身延山久遠寺の東京別院

身延別院の敷地を含む小伝馬町の一帯は、江戸時代の有名な伝馬町牢屋敷の跡地です。この牢獄には、吉田松陰ら幕末の志士をはじめ八百屋お七などの放火犯、盗賊などあらゆる種類の未決囚の罪人が収容され、多くの人々が獄死し江戸の人々に恐れられていた場所でした。明治になって取り壊された牢屋の跡地は荒れ果てていましたが、ここに法華の道場を建立し獄死亡霊を慰め、身延山久遠寺の東京別院として開かれました。

本堂に安置されている日蓮大聖人御尊像は「願満日蓮大菩薩」「願満祖師」「牢屋ケ原のお祖師様」と都民に親しまれ、開創以来お参りの人が絶えません。この御尊像は日蓮大聖人の最後のお弟子日像上人の御作と言われ、開創時に身延山の宝蔵より当院に安置され、東京都の重宝に指定されています。

吉田松陰、橋本左内、頼三樹三郎をはじめ、獄死亡霊を慰めるために建立された供養塔。

境内に祀られている「開運油かけ大黒天」はとても珍しく、大黒様にひしゃくで油をかけてお参りします。特に子宝成就、商売繁盛、社運隆昌などのご利益が。

3 日蓮大聖人御尊像は、関東大震災、第二次大戦の戦火をくぐり抜け身延別院の本堂に安置。4 鰻の蒲焼きの老舗有名店が軒を連ねる日本橋とあって、日本橋蒲焼商組合が供養主の鰻塚があるのも身延別院ならでは。年一回、放生会供養祭が行われています。

御開帳・木剣祈祷の流れ

当日受付 → 御開帳 御尊像 → 木剣祈祷

トータルで約20時間

料金　祈祷御奉納は3,000円〜
日時　毎月1日9:00〜16:00

本の特典　御朱印、御首題を申し込みの場合、特別バージョンに

お坊さんからのメッセージ

副住職
藤井教祥さん

仏事だけではなく、人生相談、家庭相談なども受けつけており、どなた様もお参りしやすいお寺です。地域に根差した心休まる交流の場としても利用されています。どうぞ、お気軽に足をお運び下さい。

DATA

正式名
日蓮宗小伝馬町身延別院
所在地
東京都中央区日本橋小伝馬町3-2
☎ 03-3661-3996
✉ fkyosho@mbe.nifty.com
🖥 http://minobu-betsuin.jp/

アクセス
🚇 東京メトロ日比谷線小伝馬町駅4番出口から徒歩約30秒、JR神田駅から徒歩約10分
🚗 首都高速道路本町ICから約5分、箱崎ICから約5分(駐車場なし。ただし近隣にコインパーキングあり)

徳川将軍家に祀られた霊験あらたかな寺で境内の愛らしい猫たちに癒されて

　四代将軍徳川家綱の代に開山した350年余りの歴史のあるお寺。もともとは江戸城内に祀られていた秘仏将軍地蔵尊を、市民も拝めるようにと建立されました。

　関東大震災の際に、当時のご住職が被服廠に向かって避難していると、背負っていたお地蔵様から「被服廠ではなく吾妻橋へ行け」と声が聞こえ、難を逃れられたという言い伝えが。震災後は世田谷区上馬に移転再建されました。

　感応寺では、御祈願や先祖供養、水子供養以外にペット供養やペットの病脳平癒や交通安全などの御祈願も行っています。境内には6匹の猫たちが暮らしており、猫たちに会いに足を運ぶ人も多数。ご住職とスタッフはもちろん猫好きで、寺院の業務以外に地域の猫の保護活動も行っています。

おすすめ修行体験
写経・写仏会

薄く印刷した和紙をなぞる形式なので初心者でも簡単に体験できます。般若心経の写経かお地蔵様の御姿の写仏を選びます。椅子席もあり。ほか檀教徒を対象にした参拝遠足も不定期で開催。

浄土宗 如法山 感応寺（かんのうじ）
東京都

じょうどしゅう にょほうざん かんのうじ

本堂内にある普迎堂阿弥陀如来像。

境内には6匹の猫が暮らしており、数匹は人懐っこくなでさせてくれます。

感応寺本堂は大正15年に建立された木造五間四面宝形造り。境内は門がなく入りやすい空間に。

年2回開催の動物供養大祭や月例ペット供養法要も。旅立つ家族の来世での幸せを願い、再会を約束します。

写経・写仏会の流れ

当日受付 ── 説明 ── 法要 ── 写経or写仏 ── 茶話会

トータルで約1時間

僧侶と一緒にお茶とお菓子を楽しみます

料金　1,000円
（お茶、お菓子代込み）

日時　毎月第2土曜日10:00〜
（4・5・7月は休み）

本の特典　写経・写仏会が500円引き

住職　成田淳教さん

お坊さんからのメッセージ

仏教では五感と心、その対象と記憶が全てと考えます。物質的価値観と実感とのギャップがストレスの原因になっていると思います。今一度、自分自身を中心とした見方に立ち返ることが、現代の我々には大切です。

DATA

正式名
浄土宗如法山感応寺

所在地
東京都世田谷区上馬4-30-1

📞 03-5431-7676
（8時〜24時）

✉ info@kannouji.com

🖥 http://www.kannouji.com

アクセス
🚃 東急田園都市線
駒澤大学駅から
徒歩約8分

鎌倉幕府開幕の功臣・畠山重忠を開基とする名刹。静かな山間の地に、鎌倉禅の源流を今に伝えています。

1 本堂の天井に描かれた龍神図。**2** 人々の心の拠り所となり、新たな光の道筋を示すことができるような、開かれたお寺を目指しています。

りんざいしゅうけんちょうじは はくさん とうこうぜんじ

臨済宗建長寺派 白山 東光禅寺
（神奈川県）

創建800年の趣きある禅寺に佇んで「今」「ここ」に己の心を見る

　横浜市金沢文庫の静かな山間の地に溶け込む由緒ある禅寺。お寺を取り囲む「鎮守の杜」では野鳥がさえずり、草花が四季折々の表情を見せる境内にはいつも清風が吹き渡っています。一歩足を踏み入れれば自ずと「清浄心」が沸き上がるような静やかな空間が、訪れる者を優しく迎え入れてくれます。

　創建は建仁年間（1201〜03年）、当時は鎌倉の薬師ヶ谷にあり、開基は鎌倉幕府開幕の功臣・畠山重忠。開山は葦航道然・大興禅師と伝えられています。その後、応仁年間（1467〜69年）に現所在地である釜利谷郷へと移り、白山東光禅寺と改めました。

　近隣のみならず遠方からも一年を通して多くの参禅者が足を運び、近郊の米軍関係者や観光客、国際会議等の参加者など、禅や日本文化の体験を希望する外国人も多数訪れます。

おすすめ修行体験

坐禅体験

本堂での坐禅体験は、鎌倉時代作の本尊薬師如来と天井の大龍神図に見守られ、日々の喧騒や氾濫する情報にさまよう「己の心」を正しい位置に取り戻す特別な時間。個人対応の坐禅体験はひとりから参加可（要予約）。ほぼ毎月開催される月例坐禅会、40年以上続く「ZENと写経とお茶の会」、「ヨーガと禅の会」（共に年2回開催）も。

3 開基・畠山重忠の稔侍仏とされる本尊薬師如来坐像（鎌倉時代初期作・横浜市指定文化財）。4 本堂での坐禅・写経体験は、ストレス社会に生きる現代人の「心の羅針盤」に。

5 姿勢と呼吸を正し、自我やとらわれを手放していく坐禅。6 英語による坐禅指導や写経体験、抹茶接待も外国人に人気。

坐禅体験の流れ

申し込み（メール・電話） — 当日受付・到着茶礼 — 説明 — 坐禅15分 — 歩行禅 — 法話 — 坐禅15分 — 文化財見学 — 休憩（お抹茶、お菓子を楽しみます）

トータルで約2時間

料金　2,000円（お抹茶、お菓子代込み）　　日時　応相談

📖 本の特典　坐禅・写経参加で禅の書籍をプレゼント

副住職
小澤大吾さん

お坊さんからのメッセージ

「禅」は頭で理解するものではなく、体ごと飛び込んでいくもの。そして「今」「ここ」を生き抜く自由自在の境涯。興味はあるが勇気がないという方も、是非、安心して心の整理整頓にお越しください。

DATA

正式名
臨済宗建長寺派
白山東光禅寺

所在地
神奈川県横浜市金沢区釜利谷南2-40-8

📞 045-781-0271

✉ info@tokozenji.or.jp

🖥 http://www.tokozenji.or.jp

アクセス

🚃 京浜急行金沢文庫駅西口からバスで白山道下車、徒歩約5分

🚗 横浜横須賀道路朝比奈ICから約10分

広済寺

臨済宗建長寺派

神奈川県

りんざいしゅうけんちょうじは　こうさいじ

ご住職のイラストが施されたオリジナルの御朱印帳。

1 本堂正面。坐禅会はここで実施します。2 規定の奉拝とせんじゅさんは各300円。七福神、天女などご住職のらくがき御朱印は2,000円。らくがきは所要40分くらい余裕をみて。必ず事前予約を忘れずに。

"負けられない大事なイベントがある" "心の修練をしたい" "自己を見つめたい" "スキルアップに役立てたい"。坐禅を受ける人の目的はさまざまです。

おすすめ修行体験

にちよう坐禅会

お経と本尊回向で始まり、漢文の素読、ストレッチでデジタル漬けになった身体をほぐして、結跏趺坐を目指します。後半は大人版「えいごであそぼ」。90年代のバンドの歌詞をお題に、発音や語尾の変化、会話での使い方などを学びます。建長寺での英語坐禅会や広済寺での国際プログラムもあり。

ユニークな体験とらくがき御朱印を求めて伊勢原のインターナショナルな禅寺へ

　広済寺は1352年、建長寺46世だった帰山光一禅師によって開創されました。時は南北朝時代。足利尊氏が弟・直義を毒殺し、円覚寺と建長寺の間では、無学祖元の墓所を巡って学派の抗争が起きました。帰山光一禅師はその仲裁役を果たし、広済寺の住持となり、晩年は円覚寺で過ごしました。

　関東大震災の際に、広済寺の本堂は全壊します。その後昭和3年、小田急が全線開通する頃に残った柱で再建。昭和55年には平和の象徴として梵鐘が復興されました。

　広済寺といえば「らくがき御朱印」で有名です。ご住職の手書きによる七福神、天女などの可愛らしい絵つき御朱印を求めて、遠方から足を運ぶ参拝客がいるほどの人気ぶり。らくがきワークショップやクッキングプロジェクト、大人の脳トレ、英語クラスなど魅力的な講座も個別に開催しています。

七福神などのイラストを筆を使って描くらくがきワークショップも実施。集中力が高まり、心の鍛練と頭の体操にもなります。

クッキングプロジェクトでは、肉魚を一切使わないメニューから、ふんだんに使うメニューまで、地産地消にこだわった神奈川産の食が学べます。

にちよう坐禅会の流れ

当日受付 → 本尊回向 → お経・漢文の素読 → 坐禅 → 英語講座

トータルで約1時間

安定した呼吸と姿勢を学びます

※動きやすい服装で。スラックス、スカート、ジーンズは厳禁。
※定員10名程度。団体参加は個別に申し込みを。

料金　500円
日時　毎週日曜8:30〜9:45
※休講の場合は、ブログにて金曜に発信

本の特典
御朱印2種（各300円）+落書き（2,000円）を申し込みの場合、オリジナル御朱印帳と同じデザインのお線香「広済」を一箱プレゼント
※本書の初版発売日から1年以内

お坊さんからのメッセージ
住職　吉川道源さん

掃き目のついた砂利や石、鎮座する石仏。裏山の竹林や植栽のみどり。花を愛で、野菜を味わう。猫や蝶や虫もみんな友達。自然と共に生きています。そのひとつひとつが、お参りの方々の心に響くようです。何もないことから見えてくる境内に広がる美しさ。それが広済寺なのかもしれません。

DATA

正式名
臨済宗建長寺派広済寺

所在地
神奈川県伊勢原市下平間657

☎ 0463-94-3451／090-4394-9458

✉ dohgensage@icloud.com

🔗 http://dohgenlivingwisely.hatenablog.jp
（ご住職ブログ）

アクセス
🚃 小田急線伊勢原駅から徒歩約20分

そうとうしゅう だいほんざん きちじょうざん えいへいじ

福井県
曹洞宗 大本山 吉祥山
永平寺(えいへいじ)

毎年3月に修行僧が入門を求める上山(じょうさん)の儀式。午前7時すぎ、黒の衣に網代(あじろ)がさをかぶり、わらじを履いた修行僧が雪に囲まれた山門に立ち、禅問答で入山の決意を示します。

＼静けさと神聖さに守られた／
雪深い山の禅寺を訪ねて

永平寺

1 仏殿。 **2** 承陽殿。※現在の承陽殿は1841年の再築で、ここには1244年に永平寺を創設した道元禅師と歴代の主要禅師の霊骨・尊像が安置されています。

「永久の和平」を願い、日々厳格な修行にいそしむ清浄なる寺院

　越前の山懐に抱かれ、静かに佇むこの寺院は、寛元2年（1244年）に道元禅師によって開かれた曹洞宗の大本山。

　横浜の總持寺と並ぶ曹洞宗の中心寺院で、4500坪を超える広大な境内には大小70棟余りの建物が並んでいるのですが、なんといっても見どころは廻廊で結ばれている七堂伽藍。

　山門、中雀門、仏殿、法堂のほか僧堂、承陽殿、大庫院などがあり、どれも日常の修行に欠かすことのできない建物ばかりです。

　山の傾斜を利用して作られた建物ならではの長階段は、大変趣きがあります。

　修行僧によって日々磨き上げられた階段を踏みしめると、お寺の歴史そのものが足から伝わってくるようです。

参道の一番奥にあるのは、1829年再建の勅使門（唐門）。文字通り皇室から使者を迎える時、もしくは永平寺の住持（貫首）赴任時のみ開かれます。杉の老木茂る森の中に佇む様が美しい！

七堂伽藍を結ぶ長い長い回廊を歩く

修行に欠かせない7つの建物である七堂伽藍を結ぶ長い階段。毎朝、修行僧によってぴかぴかに磨き上げられています。

永平寺

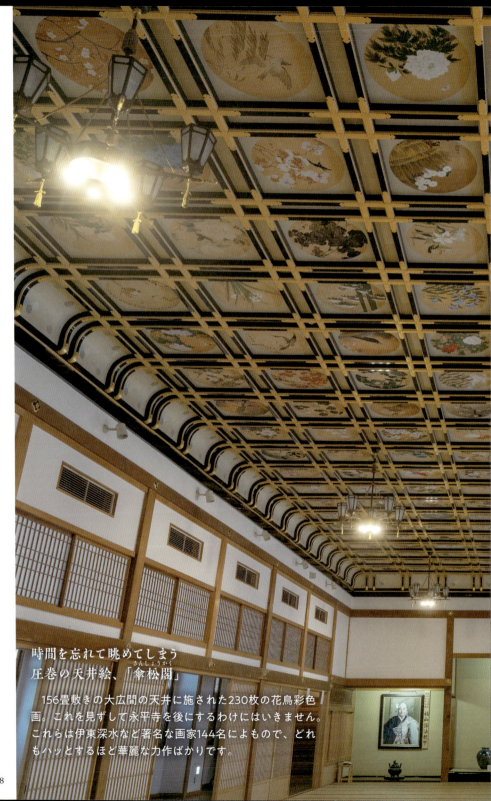

時間を忘れて眺めてしまう
圧巻の天井絵、「傘松閣(さんしょうかく)」

156畳敷きの大広間の天井に施された230枚の花鳥彩色画。これを見ずして永平寺を後にするわけにはいきません。これらは伊東深水など著名な画家144名によるもので、どれもハッとするほど華麗な力作ばかりです。

これを見ずして帰れない！
230枚の花鳥彩画の圧倒的な美しさ

永平寺

暮らしの中で一つひとつ
精神の鍛錬を積む修行僧

　修行僧の一日は決して生活とかけ離れたものではありません。日常生活こそが修行そのもの。坐禅や朝課（朝の読経）、行鉢（正式な作法で食事をいただくこと）のほかに、作務（さむ）という掃除などを指す修行があるのですが、これはいわば「動の坐禅」。掃除も、洗濯も、炊事も、全てが修行。修行僧たちが七堂伽藍を結ぶ廻廊の雑巾掛けをする風景を見ると、こちらの背筋もピンとのびるようです。

修行体験の種類

坐禅体験
10:00～/11:00～
13:30～/14:30～/15:30～
志納金　500円
※予約なしでも参加できます
（行事の都合でお休みすることもあります）。

参籠（さんろう）
1泊2日
永平寺で一夜を過ごし、修行道場の雰囲気に身をいれることができます。
参籠恩金
1泊2日（2食）
中学生以上 8,000円
小学生 5,000円
幼児無料（食事不要の場合）
※恩金について、詳しくは問い合わせを。
※年回忌の案内葉書を持参で1名のみ半額。

写経体験
随時受付
（般若心経など3種）
志納金　1,000円
※予約なしでも参加できます
（行事の都合でお休みすることもあります）。

参禅（さんぜん）
禅の道場にて、坐禅三昧の時間を過ごします。
参禅恩金
1泊2日（2食）10,000円
3泊4日（8食）20,000円
※ただし、3泊4日の参禅研修は決められた日のみの開催となります。

DATA

正式名
曹洞宗大本山
吉祥山永平寺

所在地
福井県吉田郡永平寺町志比5-15

📞 0776-63-4361
（大本山永平寺布教係）

💻 https://daihonzan-eiheiji.com

拝観時間
5月～10月
8:00～17:30
11月～4月
8:30～17:00

拝観料
500円

アクセス
🚃 福井駅東口から京福バス特急永平寺ライナーで直通 約30分、勝山永平寺線永平寺口駅から京福バス永平寺門前行または永平寺行に乗り換え終点で下車し徒歩約5分

🚗 北陸自動車道福井北ICから約15分、中部縦貫自動車道永平寺参道ICから約10分

警策を持ち、姿勢が前かがみになっていないかなど点検する直堂。

永平寺へと続く参道の両側にはお土産屋さんや飲食店が建ち並び、門前町の風情が味わえます。

東際寺

臨済宗建長寺派 小竹山

神奈川県

りんざいしゅうけんちょうじは　おだけさん　とうさいじ

足利氏満創建の趣きある古刹で心の垢を落とし健全な精神を取り戻す

　東際寺は、明徳２年（1391年）に足利氏満によって創建された、関東管領足利氏ゆかりの古刹です。宝永元年（1704年）、失火により本堂および庫裏は焼失しましたが、幸い、本尊と足利氏満の真筆による扁額は焼失を免れました。

　元来、お寺は大学のような役割を担っており、江戸時代には寺子屋と人材育成の場所でした。東際寺ではその本質的な役割にも立ち返り、法事やお葬式に限らず現代を生きる人々へ安心や心の癒しを提供することに努めています。その取り組みのひとつがリトリートツアーです。都心からもほど近く、豊かな自然に恵まれた環境で、坐禅や農業体験などの作務に打ち込むことで、日常生活で積もった心の垢を落とし、食事や周りへの感謝（慈悲の心）などを養成し健全な心身を取り戻すことを目指します。

1 本堂正面には足利氏満の真筆による扁額が掲げられています。**2** 寺紋は足利家のふたつ引紋が印されており、関東管領足利氏ゆかりの禅寺です。

足利氏満の永安寺殿壁山全公大禅定門の位牌が安置される本堂。

おすすめ修行体験

坐禅と釜戸ご飯体験

本堂にて坐禅・祈祷をし、竹を切って作った器を使い、釜戸で調理した昼食をいただきます。おこげのあるご飯は釜戸ならでは。しょうがご飯や混ぜご飯も絶品です。その他、坐禅のみや宿泊での修行体験なども応相談。それ以外に、専門講師による特別プログラムも年数回開催。

仕事に追われ、脳も休む暇のない現代人にとって、芝生の上での坐禅や農業体験などの作業は、健全な精神を取り戻す貴重な時間になります。

学生向けの短期合宿の受け入れも行う東際寺。その他、東京大学大学院の農学部の学生団体に畑を提供し、生産と消費を繋ぐサポートも。

坐禅と釜戸ご飯体験の流れ

申し込み（電話・メール） → 当日受付 → 坐禅・祈祷 → 竹細工制作 → 釜戸でご飯炊き → ご飯・けんちん汁を実食

トータルで約4時間～
※内容はアレンジ可能

薪を組んで境内にある釜でご飯を炊きます

料金 一人あたり6,000円程度（6名以上～）
※坐禅体験のみは1,000円程度

日時 随時受付

本の特典 体験後、竹の器や箸をプレゼント

住職 平本祥啓さん

お坊さんからのメッセージ

禅やマインドフルネスで大事なのは、目の前のことに意識を向けることです。築300年以上の本堂での坐禅や、一瞬の判断が大事になる釜戸炊き体験、竹細工等の非日常体験を通し、健全な心身を取り戻しリフレッシュして下さい。

DATA

正式名
臨済宗建長寺派
小竹山東際寺

所在地
神奈川県小田原市小竹1686

📞 0463-95-3284
（蔵福寺内に事務局）

✉ hsyouun@yahoo.co.jp

💻 http://tousaiji.or.jp/about_tousaiji.html

アクセス
🚃 JR二宮駅からタクシーで約10分
🚗 小田原厚木道路二宮ICから約3分

そうどうしゅう しゅげつさん こううんいん

街道から段差の緩やかな石段を登ると、正面に赴きのある本堂が現れます。

本堂内は美しく構えられ、重厚感と清潔感にあふれています。

曹洞宗 種月山 耕雲院
山梨県

室町時代より620年の時を刻む霊峰富士の街道沿いにある禅寺

　山梨県都留市にある耕雲院は1398年に開創、620年の歴史を持つ由緒ある曹洞宗の禅寺です。世界遺産の霊峰である富士山にほど近く、当時から信仰が厚かった江戸の街から富士山へと登拝する富士山信仰の街道沿いに位置しています。周辺には富士山の湧水群が点在し、その恵みを受けた景観と緑が多く自然豊かな落ち着いた場所。日常から離れた癒しの空間の中で、ゆったりと参拝できます。

　最寄り駅の東桂駅からは徒歩8分の好立地であり、都心から90分程とアクセスもしやすいため、富士山周辺の観光と合わせて立ち寄る参拝客が多数。体験型寺院として、さまざまな催しを実施し、開かれたお寺として多くの人に親しまれています。

おすすめ修行体験

てらヨガ

広々とした本堂で行うヨガ。読経、ヨガ、坐禅、リラックスのポーズを流れで体験します。心と体がほぐされ、安らぎを感じる2時間に。ヨガ以外にも、坐禅や写経の体験を随時受付（要予約）。また2019年春頃を目処に宿坊もスタート予定。詳しくは問い合わせを。

耕雲院は富士の裾野に立つ気品漂う禅寺。霊峰富士の美しい姿を目前に、癒しのひと時を体感することができます。

てらヨガは昼と夜のふたつの部を用意。爽やかな風を感じて行う昼のヨガも、幻想的な灯りに包まれて行う夜のヨガも、どちらも体験の価値あり。

てらヨガの流れ

申し込み（電話）→ 当日受付 → お経 → 説明 → ヨガ → 坐禅 → 御詠歌 → 茶話会 → **トータルで約2時間**

身体に優しいお茶でリラックス

料金　1,500円　　日時　毎月第1火曜日10:00〜、第4金曜日19:30〜

📖 **本の特典**　てらヨガが500円引き

副住職
河口智賢さん

お坊さんからのメッセージ

身近なお寺としてどなたさまも気軽にお越し頂けます。ここに来て、ゆったりと"自分時間"を体験してみてはいかがでしょうか。また、2019年春頃を目処に、宿坊をスタートする予定です。

DATA

正式名
曹洞宗種月山耕雲院
所在地
山梨県都留市夏狩1884
📞 0554-43-2593
✉ info@kouun-in.com
🖥 http://kouun-in.com

アクセス
🚃 富士急行線東桂駅から徒歩約8分
🚗 中央自動車道都留ICから約10分

秋には境内の紅葉が美しい赤色に色づきます。

曹洞宗 塔世山 四天王寺
(しとうせざん してんのうじ)

三重県

寛永18年(1646年)に再建された山門は市の有形文化財。均整の取れた美しい姿を今に残しています。

聖徳太子の時代に思いを馳せて
お抹茶と法話で心の安らぎを体感

　1000年以上の歴史を誇り、三重県津市で一番古い寺である曹洞宗塔世山四天王寺。推古天皇の勅願であり、聖徳太子の建立した寺と伝えられています。

　用明天皇の時代、聖徳太子は守屋大連の軍に三度も敗れました。そこで太子は四天王尊像を刻み、「もし我が勝利を得れば、寺塔建立をするから勝利を与えてほしい」との誓願をたてました。その結果、守屋の軍を破ることができたため、誓願どおり建立した4つの四天王寺を建立しました。そのひとつが、本寺であるとされています。

　境内には織田信長生母の墓、藤堂髙虎夫人の墓があり、重厚な戦国時代の歴史を感じることができます。一方で、境内に隣接する四天王会館にはカフェやギャラリー、雑貨店や古本屋が軒を連ね、若者から年輩まで幅広い世代の人が集います。自然豊かな四天王寺で、癒しの時を体感してはいかが。

誰もが自由に四天王寺を訪れ、思い思いの時間を過ごしています。

おすすめ修行体験

禅体験

説明を受けた後、40分ほど静かに坐ります。その後、庭を見ながら心を静めてお抹茶とお菓子を丁寧に食べ、法話を聞いて終了。他にも、禅体験のコースに写経体験を組み合わせた約3時間の体験も用意。

気軽に禅寺の雰囲気を味わえるようにと用意された禅体験。約2時間のコースで坐禅・茶話・法話とさまざまな体験を一度に楽しむことができます。

聖徳太子が全国に建立した4つの四天王寺のうちのひとつがここ、津の四天王寺。1000年以上もの間、伊勢街道を行く旅人の安全を見守ってきました。

禅体験の流れ

申し込み（電話） → 当日受付 → 説明 → 坐禅体験 → 休憩 → 茶話会 → 法話

トータルで約2時間

お抹茶、お菓子を楽しみます

料金　1,000円
（お抹茶、お菓子代込み）

日時　毎週日曜日8:00〜

📖 **本の特典**　禅体験が500円引き

住職
倉島隆行さん

お坊さんからのメッセージ

お一人からでも気軽にお申込できます。ストレスの多い現代社会。お寺に来て自然を感じながら、自己と向き合ってみて下さい。きっと忘れかけていた大切な気づきを得られるのではないでしょうか？
お待ちしております。合掌。

DATA

正式名
曹洞宗塔世山四天王寺

所在地
三重県津市栄町1-892

📞 059-228-6797
※法事などの都合で不在の場合もあり

✉ kusu.taiko@gmail.com
💻 http://www.sitennoji.net/

アクセス
🚃 近鉄名古屋線津駅から徒歩約10分
🚗 伊勢自動車道津ICから約10分

きんぷせんしゅげんほんしゅう　しうんざんじしょういん

本堂に祭祀している准胝観音は造像例の少ない珍しい仏像。

金峯山修験本宗 紫雲山 慈唱院（じしょういん）
三重県

写仏や写経、止観(座禅)や護摩参座修行、そして大峯山脈を中心とした入峯修行など、多くの実践修行を体験することができます。詳細はHPをチェック。

おすすめ修行体験
写仏・写経でお守り作成

自分の干支の守り本尊、または般若心経を書き写し、法要をしてもらいます。心を込めて書いた仏様、お経は自分自身のお守りとなります。（用具・お守り代・法要料・お菓子代込み）

今を生きる人のための修験道
ご縁に導かれ伊賀の里の隠れ寺へ

　住宅地の路地を入った奥にひっそりと建つ隠れ寺。慈唱院は、伊賀の国名張の旧城下町にあった宇流冨志禰神社の神宮寺跡地に、平成16年（2004年）に開山しました。建立の背景には、俳優として活躍していたご住職が日々の悩みやストレスと直面する中で修験道や密教の修行と出会い、その体験の中で得た「より善く生きるためのヒント」を伝えたいという思いが込められています。

　敷居の低いアットホームなお寺を目指す慈唱院には、地域や職業、老若男女問わずさまざまな人が訪れます。芸能界での裏話、様々な実体験を織り交ぜた法話は「分かりやすい」「心が軽くなった」「仏事のなぜ？」が解決したと大好評。落語と法話を融合した説法落語も、不定期で開催されています。

心を込めて写したお経は、お守りとしてお土産に。

ご住職は大峯奥駈修行を20回以上満行した経験の持ち主。現在活躍中の和楽器バンドのメンバーを修行に案内したこともあります。一般、女性向けの無理のない入峯修行も開催。

名張の旧城下町にひっそりと佇む新寺院は、ご縁のある人だけがお参りできる特別な場所。四季の花々が迎えてくれます。

写仏・写経でお守り作成の流れ

申し込み（メール・FAX） → 当日受付 → 説明 → 写経・写仏体験 → お茶・お菓子 → お守り祈祷（護摩祈祷） → 法話

トータルで約3～4時間

写仏・写経は数回に分け、彩色や装飾することも可能

料金 写経体験 4,000円　写仏体験 5,000円
（用具・お守り代・法要料・お菓子代込み）
※護摩祈祷に変更の場合は別途15,000円

日時 要予約

📖 **本の特典** 写仏・写経でお守り作成参加で
5種類の御朱印から2体をプレゼント

DATA

正式名
金峯山修験本宗紫雲山慈唱院

所在地
三重県名張市丸ノ内4-3

📞 0595-63-2194
（FAXも同様）

✉ info@siun-jisyouin.com
🖥 https://siun-jisyouin.com

アクセス
🚃 近鉄大阪線名張駅
西口から徒歩約5分

🚗 （大阪方面から）
名阪国道針ICから約40分
（名古屋方面から）名阪国道上野ICから約30分

※旧城下町の入り組んだ路地を入るため、初めての場合は必ず問い合わせを。

お坊さんからのメッセージ

住職 小澤慧月さん

幸せとは何でしょう。お金や宝石がたくさんあること？　他人から与えられるもの？　もしかしたら「当たり前」だと思っている人生の中に宝物のように隠れているものかもしれません。幸せを感じるアンテナのお掃除をしてみませんか？

天台宗 総本山 比叡山

滋賀県

延暦寺
えんりゃくじ

数々の名僧を生んだ
日本屈指のエリート寺院

てんだいしゅう そうほんざん ひえいざん えんりゃくじ

樹齢を重ねた樹々に囲まれた総本堂根本中堂。

1200年以上もの
歴史を超えて
悠久の灯を放ち続ける
「不滅の法灯」

最澄の時代からずっと灯され守られている「不滅の法灯」。眺めながら、遥か遠い昔へ心をタイムスリップさせて。

延暦寺

多くの宗祖を輩出した
日本仏教の母なる寺院

　伝教大師最澄が開いた天台宗の総本山、延暦寺。京都と滋賀の県境にまたがる比叡山は、東には「天台薬師の池」と詠われた琵琶湖を眼下に望み、西には古都京都の町並を一望できる景勝地でもあります。

　山全体がお寺と見なされた敷地は、東塔、西塔、横川の3つのエリアにわかれており、近年「古都京都の文化財」のひとつとして世界文化遺産に登録されました。

　世界の平和や人の幸せを祈る寺院として、さらには国宝的人材育成の学問と修行の道場として、国内外から多くの人が訪れています。

　延暦寺発祥の地である東塔の見所はなんといっても国宝の根本中堂。お堂の中には、1200年以上消えることなく灯り続ける「不滅の法灯」があり、綿々と連なる時の流れと歴史の重みを体感することができます。

　お堂の前の階段を昇った先にある文殊楼は、中国五台山の文殊菩薩堂に倣って創建されたもの。その他、お釈迦様の十大弟子、中国、日本の高僧、比叡山修学の各宗祖師画像がかかげられている大講堂も是非訪れて欲しい場所。

　西塔の本堂にあたるのが釈迦堂。現在の建物は園城寺（三井寺）の金堂でしたが、秀吉が文禄4年(1595年)に西塔に移築。延暦寺に現存する建築物で最も古い建物です。

東塔エリアにある文殊楼。貞観8年(868年)、円仁(慈覚大師)が「常坐三昧」の修行を行う道場として創建しました。

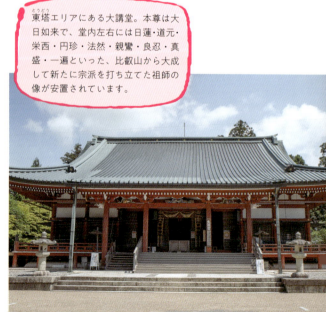

東塔(とうどう)エリアにある大講堂。本尊は大日如来で、堂内左右には日蓮・道元・栄西・円珍・法然・親鸞・良忍・真盛・一遍といった、比叡山から大成して新たに宗派を打ち立てた祖師の像が安置されています。

自由につける
開運の鐘
心を落ち着けて
「せ〜の！」

大講堂の前にある「開運の鐘」は、参拝者が自由につくことができます。

除夜の鐘でおなじみ、比叡山の一大名所！

延暦寺

＼ 僧侶から伝えられる結果にドキドキ…! ／

當執事からおみくじの内容が伝えられます。

元三大師が魔を祓うために変化された角大師。魔除け札として玄関などに貼ります。

東塔エリアから足をのばして「おみくじ発祥の地」横川エリアへ

　横川エリアの元三大師堂は、「おみくじ」を考案したとされる元三大師良源（912～985年）の住坊で、後進の育成のために四季に講義を開いたことから正式には四季講堂といい、「おみくじ発祥の地」と言われています。

　おみくじが一般化したのは江戸時代。元三大師に帰依し、徳川家康の参謀として重用された慈眼大師天海（1536年頃～1643年）の夢枕に現れた元三大師は、「観音菩薩より賜わった観音籤といわれるおみくじを信州戸隠の地より取り出し、世に広め、人々をよく導け」とのお告を与えます。果たして、信州戸隠より取り出した100枚の偈文からなる

相談の後、読経しおみくじを引きます。

　おみくじをもとに吉凶を占ったところ、大変的確な判断が得られたそうで、それが日本全国の神社仏閣へと広まっていったのだとか。
　おみくじは、行けば誰でも直ちに引けるものではありません。まずはお堂の當執事に悩みを打ち明けるのですが、相談の内容によってはおみくじを引くには至らない場合もあるようです。おみくじを引く場合は當執事と共にお堂でお参りをし、おみくじを引いてもらいます。おみくじの扱い方とその判断の行い方は、歴代の當執事に口伝で伝わり「元三大師様のお言葉」として非常に大切にされています。

延暦寺

修行体験なら延暦寺会館へ！

古来より受け継がれる伝統の精進料理をいざ体験！

精進料理の一例（季節により異なります）。

根本中堂のほど近くにある延暦寺会館は、琵琶湖が一望できる宿坊です。修行の雰囲気を体験できることや、精進料理に定評があり、多くの参拝者が訪れています。

修行のあとは、守り本尊の種字が入った梵字ラテを。

琵琶湖を眺望が素晴らしい大浴場。

どの部屋も快適な空間が保たれています。

修行体験の種類

写経体験

参加費 1,080円
※体験時間およそ90分。
※机席の用意あり。
※筆、墨、硯、用紙など全て用意あり。

写経体験は延暦寺会館のほか、境内のいくつかのお堂の中で受付をしています。

坐禅体験

11:00〜/14:30〜
参加費 1,080円
※所要時間約60分。
※法要行事等で受けられない日もあるので事前予約を。
※2名以上からの受付。
修行体験についての問い合わせは下記まで。
比叡山 延暦寺内
滋賀県大津市坂本本町4220
比叡山延暦寺 延暦寺会館
📞077-579-4180
FAX 077-579-5053

DATA

正式名
天台宗総本山比叡山延暦寺

所在地
滋賀県大津市坂本本町4220

📞 077-578-0001
🖥 https://www.hieizan.or.jp

拝観時間
東塔地区
3〜11月　8:30〜16:30
12月　　 9:00〜16:00
1〜2月　 9:00〜16:30
西塔・横川地区
3〜11月　9:00〜16:00
12月　　 9:30〜15:30
1〜2月　 9:30〜16:00

拝観料
700円

アクセス
🚃 叡山ケーブルでケーブル八瀬駅へ、坂本ケーブルでケーブル坂本駅へ
🚗 名神高速道路京都東ICから比叡山ドライブウェイ経由で約30分、名神高速・栗東ICから琵琶湖大橋・奥比叡ドライブウェイ経由で約60分

比叡山の山内にある1700ヘクタールの境内地に点在する延暦寺。車やケーブルで山を登って。

日蓮宗 寂光山 常照寺
京都府
にちれんしゅう じゃっこうさん じょうしょうじ

吉野門と言われる朱塗りの山門。俗界と聖域を分かつ結界として、門をくぐる全ての人が仏法に触れ成仏するように願いが込められています。

遺芳庵では月釜茶会（年9回開催）が行われています。裏千家・表千家・方円流煎茶など各流派の茶会を楽しむことができます。

おすすめ修行体験
坐禅・祈り・お抹茶

初めに坐禅により心身を静寂に整える「静の修行」、次に大太鼓の音に合わせお題目を唱え祈る「動の修行」、お茶室ではお抹茶を頂きながら「礼の修行」をします。茶道の基本作法を通して礼節を学びます。お寺という非日常空間で「和・敬・静・寂」を体感できる修行になっています。坐禅のみ、お抹茶のみの体験もあり。

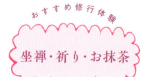

毎年4月に開催される吉野太夫花供養では、鷹峯交差点から常照寺まで、太夫道中が行われ、内八文字を踏んで進む島原太夫の美しい姿を見学することができます。

寛永三名妓、吉野太夫ゆかりの地
美しい四季の姿が臨める芸道精進祈願の寺

　常照寺の建立は元和2年（1614年）、徳川家康から京都の洛北・鷹峰の地を賜り移住した本阿弥光悦によって、"日蓮宗中興の祖"と仰ぐ寂照院日乾上人を招いて開かれました。日乾上人は、常照寺に僧侶の学問修行所「鷹峰檀林」を開設。往時は30棟以上の甍が並び、数多くの学僧で賑わったことは、「本阿弥行状記」や「にぎわい草」などの古典文学にも記されています。

　常照寺は寛永三名妓随一と謳われた二代目吉野太夫の菩提所として有名です。詩歌・管弦・和歌・聞香など諸芸能に秀でた吉野太夫の艶名は遠く明国にまで聞こえたそう。毎年4月第2日曜日には「吉野太夫花供養」を開催。献茶法要や追善茶会、島原太夫による太夫道中や諸芸能が奉納され、京都の春の風物詩として多くの参拝者が集います。

遺芳庵は、吉野太夫を偲んで建てられた茶室。「吉野窓」と呼ばれる丸窓が設けられ、四季折々の自然の姿を室内から眺めることができます。

約5千坪の境内には春は山桜・そめい吉野、紅しだれ、御衣黄、八重桜など120本ほどの桜が楽しめ、秋には色鮮やかな紅葉で錦に染まります。

坐禅・祈り・お抹茶の流れ

申し込み（電話・FAX） → 当日受付 → 寺の案内ビデオ上映 → 坐禅体験 → 休憩 → 祈りお守りづくりと → 法話 → 茶室にてお抹茶を楽しみます

トータルで約2時間

料金　2,500円（拝観料・お抹茶代込み）
※自分で写経したお守りを入魂しプレゼント

日時　随時受付

本の特典　御朱印を申し込みの場合、特別バージョンに

お坊さんからのメッセージ

住職
奥田正叡さん

心が変われば言葉が変わる。言葉が変われば態度が変わる。態度が変われば生活が変わる。生活が変われば人生が変わる。人生が変われば運命が変わる。しかし自分の心は自分では変えることはできません。そのために修行するのです。修行とは「何かに気づくこと」だと思います。

DATA

正式名
日蓮宗寂光山常照寺

所在地
京都府京都市北区鷹峯北鷹峯町1番地

📞 075-492-6775
FAX 075-492-1727
✉ shoei@joshoji.com
🖥 http://tsakae.justhpbs.jp/joshoji/toppage.html

アクセス
🚌 地下鉄北大路駅からバスで約22分、鷹峯源光庵前下車、徒歩約2分

※拝観時間は8:30～17:00、拝観料は400円、ただし秋季特別展中は500円（小学生は半額）

てんだいしゅう しょうれんいんもんぜき

華頂殿から眺める相阿弥作の庭園の美しさは圧巻。室内には三十六歌仙額絵や、木村英輝氏奉納の蓮の襖絵があり厳かな装い。

天台宗 青蓮院門跡（京都府）

東山にある京都屈指の庭園で
門跡寺院特有の御殿のような趣きを感じて

　京都の中でも有名寺社や史跡、名勝が多く観光地としても有名な東山に位置する青蓮院門跡。天台宗総本山比叡山延暦寺の三門跡寺院のひとつであり、天台宗の祖である最澄が比叡山を開くにあたって造られた「青蓮坊」が起源とされています。

　創建は久安6年（1150年）、開基である行玄大僧正（藤原師実の子）に鳥羽法皇が帰依し、第7皇子をその弟子として、京都に殿舎を造営して青蓮院と改称したのが門跡寺院としての青蓮院の始まりです。

　青蓮院の主庭は、室町時代の相阿弥の作と伝えられ、粟田山を背景にしてその山裾を利用した情緒ある池泉回遊式の庭園。何度でも参拝したくなるような、門跡寺院特有の御殿のような趣きを持った上品で優しい雰囲気を味わえます。

優美な池泉回遊式庭園を眺めて、訪れる人それぞれが物思いに耽ります。

おすすめ修行体験
春秋茶会

好文亭では、毎年春と秋に通常非公開の茶室を公開。期間中は月釜の茶会「青蓮会」の先生並びに社中の方々による正式なお茶のお点前を楽しめます。お茶席が初めてでも気軽に体験が可能です。

飛地境内将軍塚青龍殿に安置されている「青不動明王二童子像」。11世紀頃に製作され、仏教絵画史の最高傑作のひとつとして、いち早く国宝に指定されました。

1 長屋門の門前にある楠は、京都市の登録天然記念物指定のほか、多数の指定を受けています。2 宸殿は桟瓦葺きでできた院内で最も大きな建物。

春秋茶会の流れ

当日窓口にて受付 → 特別拝観券を購入します → 茶室好文亭に移動 → 作法の説明 → お抹茶

トータルで約30分間

料金	1,000円 ※別途拝観料要 (お抹茶、お菓子代込み)
日時	春分の日～5月5日、 11月1日～11月30日の 土日祝開催 10:00～15:30

本の特典 春秋茶会参加で拝観料金が50円引き

お坊さんからのメッセージ

執事長
東伏見光晋さん

日頃、私たちを取り巻く家庭や会社等の社会、自然等の環境に対して心は不必要に複雑に働きます。また、それらに伴い余計な苦しみが生じています。是非、仏教に触れる機会をお持ちください。皆様の苦しみが少しでも取り除かれますことを願っています。

DATA
正式名
天台宗青蓮院門跡
所在地
京都府京都市東山区
粟田口三条坊町69-1
📞 075-561-2345
FAX 075-561-0383
🖥 http://www.shorenin.com
アクセス
🚇 地下鉄東西線東山駅から約5分
🚗 名神高速道路京都東ICから約15分

※参拝時間は9:00～17:00、拝観料は500円

曹洞宗 仏日山 吉祥林
【大阪府】
東光院 萩の寺
(とうこういん はぎのてら)

おすすめ修行体験
精進料理会

僧侶から精進料理についての話を聞きながら、食事を楽しむ萩の寺精進料理会「火打ち飯供養接待」が不定期で開催されています。また、「坐禅会」や「写経会」も月1回開催しています。それぞれ5名以上集まれば、自由な日時で予約できます。

1 阪神・淡路大震災後に復興された、本堂 吉祥林・圓通殿。2 宝歴7年（1757年）に全龍禅師によって建立された総欅（そうけやき）造りの山門。3 精進料理について話を聞き、食事を楽しむ萩の寺精進料理会「火打ち飯供養接待」。4 境内にある魯山人命名の庭園「萩露園」は『大阪みどりの百選』に選定されています。

新西国霊場第十二番札所として、宗旨宗派を問わず多くの人々が集います。写真は旧大阪（川崎）東照宮本地堂。

> 萩の花が最盛りとなる9月中旬〜下旬にかけて、萩まつり道了祭を開催。大護摩供火渡りや大茶会など、多彩な催しが実施されます。

俳句のメッカとしても名高い
1300年の萩咲く悠久の聖地

　東光院萩の寺は天平7年（735年）行基によって開創。もともとは現在の大阪市北区にありましたが、大正3年(1914年)、阪急電鉄による豊中地域の開発とともに、豊中市の中心部に当たる現在地に移転しました。創建以来1280年以上の長い歴史を持つこの寺は、その名の通り境内の随所に萩が植えられ、古来草創期より「萩の寺（萩寺）」として親しまれてきました。豊臣秀吉の妻・淀殿は萩の花をこよなく愛し、萩の季節になると毎年舟で当時南濱にあったこの寺を訪れたそう。近年では、「ほろほろと石に こぼれぬ萩の露」と読んだ正岡子規をはじめ、高浜虚子、青木月斗など多くの俳人が訪れ、句碑が建ち並び、全国の俳句のメッカとして重要な役割も果たしています。

> 定例の坐禅会「萩の寺大乗会」と洗心写経会「こより写経道場」はそれぞれ月1回開催。5名以上であれば、予約制での修行体験も受け付けています。

精進料理会の流れ

（電話・メール）申し込み　→　当日受付　→　法話　→　精進料理　→　茶礼

トータルで約2時間

僧侶の話を聞きながらお茶、お菓子を楽しみます

料金　4,000円（食事、お菓子代込み）
※茶礼にて抹茶を希望の場合は＋500円

日時　随時受付
（5名以上にて申し込み）

📖 **本の特典**　精進料理会が500円引き

副住職
村山博雅さん

お坊さんからのメッセージ

日頃忙しく考えることの多い毎日だからこそ、あえて今、古い文化や歴史、先人の知恵に触れ、ちょっと一息、心の寄り道をしてみてはいかがでしょうか。きっと新しい自分が見つかり、新しい世界が開けていくことでしょう。

DATA

正式名
曹洞宗仏日山吉祥林
東光院萩の寺

所在地
大阪府豊中市南桜塚1-12-7

📞 06-6852-3002
✉ info@haginotera.or.jp
🖥 http://www.haginotera.or.jp

アクセス
🚃 阪急宝塚線曽根駅から徒歩約4分
🚗 阪神高速道路豊中北ICから約10分

※拝観時間は9:00〜17:00、拝観料は200円

浄土宗 天龍山
法善寺(ほうぜんじ)

大阪府

こじんまりとした境内ですが、大阪人を始め全国の人々に親しまれる有名なお寺です。

道頓堀から一歩入れば別世界
お線香の香りに癒され風情を感じて

　大阪ミナミにある法善寺。寛永14年（1637年）に開山、のち現在の地へ移り千日念仏回向が始まりました。

　浄土宗の寺院のため、御本尊は阿弥陀如来ですが、西向き不動明王（通称水かけ不動さん）が祀られる寺院として有名です。もともとは、水をお供えするだけだったのが、ある時人生に悩み苦しむ女性がすがる思いで像に手で水を掛けたことから、そのようにお参りするようになったと伝わっています。大阪大空襲の際には六堂伽藍が焼失し、西向き不動明王だけが残りました。

　寺院の北側にある細い通りは法善寺横丁と呼ばれ、老舗の割烹や串カツ屋などが点在。繁華街にありながらも、静かな"なにわ情緒"が漂い『月の法善寺横町』という歌や『夫婦善哉』という小説の舞台としても知られています。

境内の北から続く法善寺横丁。この地はもともとは境内で、参拝客相手の露店がいつしか横丁に発展しました。

老舗の割烹やバー、お好み焼き、串カツ店などが立ち並ぶ約80mの横丁。風情ある石畳を行き交う人たちの足音が鳴り響きます。

水かけ不動に青々と覆った苔は、井戸水によるもの。像の前には水鉢があり、お参りが済んだ後は、後に来る人のことを思い少なくなった水鉢に水を足します。

おすすめ修行体験

写経体験

小一時間ほどの時間をかけて、浄土宗のお経を丁寧に書き写します。ご住職・副住職がお寺にいるときは、様子をみて法話等もあり。本の特典として、写経参加者には法善寺グッズのプレゼントを用意。

写経体験の流れ

申し込み（電話） ― 当日受付 ― 諸堂説明 ― 写経

トータルで約1時間

※ご住職か副住職がお寺にいる場合は、法話もあり

料金　1,000円　　日時　毎月28日14:00〜17:00

本の特典　写経体験参加で法善寺グッズをプレゼント

副住職
神田眞英さん

お坊さんからのメッセージ

「合わす手が　幸せつくる手　広める手」
合掌のお姿は尊く美しいお姿です。なぜかというと、仏さまの慈悲のお姿、慈悲のお心が含まれているから。その御心に叶いますよう私たちも合掌のお姿で生活をさせていただきましょう。

DATA

正式名
浄土宗天龍山千日前法善寺

所在地
大阪府大阪市中央区難波1-2-16

📞 06-6771-9839

アクセス
🚇 地下鉄御堂筋線
　難波駅から徒歩約5分、
　地下鉄堺筋線
　日本橋駅から徒歩約5分
🚗 阪神高速道路道頓堀ICから約5分

四天王寺

大阪府

和宗 総本山 荒陵山

しつてんのうじ

わしゅう そうほんざん こうりょうざん してんのうじ

四天王寺

眼力と表情に注目！
仁王門の金剛力士像

日本仏教の祖、聖徳太子建立の寺

　推古天皇元年（593年）に聖徳太子により建立された四天王寺は、日本最古の本格寺院。日本仏法最初の官寺としても知られていますが、既存の仏教の諸宗派にはこだわらない全仏教的な立場をとるため、1949年に和宗の総本山として独立しました。

　連日供養や祈祷などが行われていますが、特に弘法大師と聖徳太子の月命日である21日と22日は、それぞれ「お大師さん」「お太子さん」の愛称で親しまれる縁日が開かれ、境内は骨董品、手作り雑貨や日用品、乾物に植木など様々な市が軒を連ねています。

　伽藍配置は、南北に中門、五重塔、金堂、講堂が一直線上

伽藍を囲む回廊。朱塗りの柱と吊り灯籠のコントラストが美しい！

に並ぶ「四天王寺式伽藍配置」と呼ばれるもので、日本では最も古い建築様式のひとつ。中心伽藍の北側にある威厳のある六時礼讃堂前の石舞台の周りには亀の池があり、たくさんの亀がいます。

境内南端には南大門が建っており、ここが本来の正門なのですが、西の入口にある西門石鳥居から入る参拝者が多いのは、そこが「極楽浄土の入口に通じる」と信じられているから。石鳥居の扁額には「ここはお釈迦様が説法を説く場所であり極楽の東門の中心である」という意味の文字が描かれており、箕の形をしているのは、全ての願いをすくいとって漏らさない阿彌陀如来の本願を表しています。

大黒天には、大根モチーフの絵が縁起物として描かれていることが多く目をひきます。大黒天は子（鼠）の方角を守るとされ、鼠の好物である大根が描かれるようになったなどの諸説があります。

境内中央に位置する雄大なお堂。昼夜6回にわたり諸仏礼讃を修行するお堂だったので「六時礼讃堂」の名がつきました。

番匠堂には個性的な書体で「南無阿弥陀仏」と書かれた幟が立っています。番匠というのは大工のことで，幟には鋸、鉋、小刀など、いろいろな大工道具を文字にあしらっています。

四天王寺

人々を安楽へ導く
黄金色に輝く大仏様

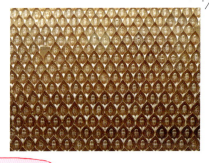

小さな仏様が
さて何体あるでしょう！

講堂の冬堂にある
十一面観世音菩薩。

十一面観世音菩薩。左ページ
の仏像は丈六阿彌陀如来。

街中の寺院とは思えない
安らぎの空間に感動！

　ここでは見所を2つご紹介しましょう。ひとつ目は、経典を講じたり法を説いたりする講堂。講堂は中央を境に、東を冬堂、西を夏堂と呼びます。冬堂には現世の人々の悩みや、苦しみを救う十一面観世音菩薩、夏堂には来世極楽に人々を導く丈六阿彌陀如来が祀られています。つまり、現世と来世の2世にわたり、人々を安楽へ導き給うようにとの願いが講堂には込められているのです。

　もうひとつの見所、極楽浄土の庭は、自然の湧き水を利用した2つの小川（水の河と火の河）と2つの池（瑠璃光の池と極楽の池）が特徴の池泉廻遊式庭園。廻遊路には白砂が敷かれているのですが、これは、中国の僧侶であった善導が『散善義』で説いた「二河白道」の説話「水の河と火の河の生き地獄の真ん中に、極楽浄土への道（白道）が細く延びているが、凡俗の者には、この道が見えない。しかし極楽往生を真に願う者にはこれが見え、この白道を進むと　極楽浄土に達し、往生できる」の教えをもとに造園されたそうです。

広さ1万m²の池泉廻遊式庭園である
「極楽浄土の庭」。庭園内には趣きの
ある茶室も設けられています。

四天王寺

＼毎朝11時から／
舎利出しの法要が始まります！

舎利職の資格を持った僧侶が行う舎利出しの法儀。中心伽藍内の金堂で365日行われており、誰でもお舎利を受けられます。

日々行われる厳かな法儀

　中心伽藍の金堂内には、聖徳太子の御本地仏である救世観世音菩薩をお祀りし、四方を四天王が守護しています。毎日11時になると「舎利出し」の法儀が厳修されます。これは僧侶が参拝者の頭に仏舎利（お釈迦様の遺骨）を当てる儀式で、参詣者自ら釈尊とご結縁され善提に至るとされています。

　また、亀井不動尊では、毎月28日午前10時30分より不動尊供、午前11時15分より不動尊護摩供が行われ、多くの参拝者で賑わっています。この不動尊は、聖徳太子が尊いお声に呼び止められ、亀井の井戸を覗かれると、仏法の守護神である不動明王の姿が水面に映っていたため、ここに不動尊を祀られたのが起源とされています。

修行体験の種類

座禅
月2回を目安に火曜日の6:20～7:50
参加費 無料
場所 本坊の五智光院
※参加される方は、開始10分程前までに受付へ。
※予約不要ですが行事などにより休む場合もあります。

写経
8:30～15:00
費用 般若心経1枚 2,000円/10枚1組 18,000円、十七條憲法写経1枚 2,000円/6枚1組 10,000円
場所 太子殿
※参加する場合は、太子殿へ直接申し込みを。

DATA
正式名
和宗総本山
荒陵山四天王寺
所在地
大阪府大阪市天王寺区四天王寺1-11-18
📞 06-6771-0066
🖥 http://www.shitennoji.or.jp
拝観時間
4～9月
8:30～16:30
10～3月
8:30～16:00
拝観料
中心伽藍、庭園：300円（大人）
宝物館：500円（大人）
アクセス
🚇 地下鉄 御堂筋線・谷町線天王寺駅から徒歩約12分、地下鉄谷町線四天王寺前夕陽ヶ丘駅から徒歩約5分、近鉄南大阪線阿部野橋駅から徒歩約14分

亀井不動尊での護摩焚き。

六時礼讃堂前の石舞台周辺の亀の池も寄ってみて

極楽浄土の庭に隣接する五智光院。大日如来を本尊とする五智如来を安置しています。

和宗 荒陵山
勝鬘院 愛染堂
（しょうまんいん あいぜんどう）

大阪府

わしゅう こうりょうざん しょうまんいん あいぜんどう

高さ約22mの多宝塔。聖徳太子によって創建され、織田信長と本願寺の戦い「大阪石山寺合戦」の際に焼失。慶長2年（1597年）に豊臣秀吉によって再建された、国の重要文化財。

聖徳太子設立の四箇院のひとつ
日本トップクラスの縁結びスポット

　勝鬘院愛染堂は、聖徳太子設立の四箇院のひとつ施薬院（貧しい病人に投薬し治療する施設）の後身であり、聖徳太子がこの地で勝鬘経を人々に講ぜられていたことから「勝鬘院」と称されました。のちに金堂に人々に愛嬌開運を授ける愛染明王が本尊として奉安され、それにちなみ「愛染さん」と親しみを込めて呼ばれるようになりました。

　金堂（大阪府指定文化財）に祀られる愛染明王（秘仏）は、愛を司る仏様として、特に縁結び、夫婦和合、商売繁盛のご利益が授かると古くから信仰されています。NHK大河ドラマ『天地人』で人気を博した戦国武将の直江兼続も兜に愛の字を掲げるほど愛染明王を信仰していたそう。パワースポット「腰痛封じの石」や「哲学の石」、愛嬌を授かる「愛染めの霊水」、縁結びにご利益があり三度の映画化を成し大ヒットとなった小説『愛染かつら』のモデルである霊木などの見所が充実。

愛染明王は良縁成就や夫婦円満・商売繁盛においては仏教神の中では最強と誰もが認めるほど。手に持たれた弓と矢で愛のキューピットのように人と人、心と心を結びつけます。

愛染堂の山門。赤門の寺として合格祈願に訪れる受験生の姿も。

ひとたび口に含むと、愛嬌を授かり運が開けると噂される愛染めの霊水。一流芸能人や大人気アイドル、有名映画監督など著名人も多く訪れます！

おすすめ行事

愛染まつり

御本尊である愛染明王の大縁日（7/1）として秘仏本尊の御開帳をする祭事。その前日（6/30）を宵祭り、翌日（7/2）を残り福として、毎年3日間開催します。初日には、四天王寺管長猊下、ならびに一山僧侶出仕による厄除け開運を祈る「夏越しの祓え大法要」も。

年末年始と愛染まつりには売り切れるほど人気のお守り。赤と白のセットになっていて、フリーなら重ねて持つと縁に恵まれ、相手がいる場合は片方を渡して愛情運がUP。

樹齢数百年、江戸時代から恋愛成就、夫婦和合の元祖パワースポットとして知られる愛染かつら。この木の前に男女が並んで立ち、お互いの愛を確認し合うことで、どんな困難も乗り越えて幸せに添い遂げることができるという愛の伝説があります。

愛染まつり（6/30~7/2、料金無料）について

6/30のみ	連日	連日
夏越しの祓え大法要	二大秘仏の御開帳	祭囃子の奉納

愛染まつり期間中には、宝恵かごの展示があり、実際に乗り込んで記念撮影もOK。キティちゃんが宝恵かごに乗っている「ハローキティのオリジナルお守り袋」も授与所に並びます。

二大秘仏とは、金堂の愛染明王と多宝塔の大日大勝金剛尊。秘仏なので通常は見ることができません。この機会にぜひ拝観を。

住職
山岡武明さん

お坊さんからのメッセージ

如法愛染王法の修法を用いた個別祈祷を金堂にて行なっています。一人ひとりの個別祈祷となりますので、日程と時間調整のため、事前にお電話にてご予約下さい。すでに心願成就のご祈祷を施した祈祷済のお札やお守りも本堂にて準備しています。

DATA

正式名
和宗荒陵山勝鬘院愛染堂

所在地
大阪府大阪市天王寺区夕陽丘町5-36

📞 06-6779-5800

🖥 http://www.aizendo.com

アクセス
🚌 大阪メトロ谷町線
四天王寺前夕陽ケ丘駅から徒歩約2分、またはJR天王寺から徒歩約15分

※拝観時間は9:00～16:30、拝観は無料

地下鉄の四天王寺前夕陽ケ丘駅からほど近い場所にある歴史高いお寺、真光院。

和宗 光徳山 瑞雲寺
真光院(しんこういん)
大阪府

浄土の最高段階、"光"の称号を持つ
聖徳太子により建立された四天王寺の支院

　四天王寺をはじめ、約200ヶ寺が集う大阪市天王寺区。真光院の創建は594年。聖徳太子が父君用明天皇のご冥福を祈り、7日間念仏を修したところ、西方教主無量光仏が紫雲に乗って出現。そこで太子は、お堂を建て自作の阿弥陀如来を御本尊として安置し、真光院と定めました。御本尊の左に脇侍する如意輪観音菩薩は、『子安の観音』として、安産祈願の信者が列をなして後を絶たなかったという歴史を持っています。

　"光"という字が山号にも院号にも用いられる真光院。そもそも、浄土の最高段階は光そのものであるとされ、大光明の世界とも言われています。また阿弥陀如来を訳すと無量光仏となります。光と徳を冠した光徳山、光に付随する瑞雲が立ち込めた歴史をもつ瑞雲寺、真の光の寺である真光院、それは、非常に有り難い称号とされています。

毎年8月20日に本堂にて開催する大施餓鬼法要では、四天王寺一山の御大徳（僧侶）が読経し、大々的に施餓鬼の法要を行います。

おすすめ修行体験
地蔵尊供奉修

山内に安置される地蔵尊は、心から礼拝供養する人々に七難即滅と七福即生のご利益を与える霊界引接の菩薩として、古くから信仰されています。毎月24日の14～15時には、地蔵講を開催。終了後には法話あり、お茶とお菓子が楽しめます。

四天王寺の菩提寺院であり、真光院の御本尊は古来より人々を救済する仏とされています。そして、御本尊の左に脇侍する如意輪観音菩薩には、昔より安産祈願の信者が列をなして後を絶たなかったという歴史を持ちます。

山内に安置される地蔵尊は六万体地蔵尊と言い、心から礼拝供養する人々に七難即滅、七福即生の利益を与え、また二十八種のご利益を与える霊界引接の菩薩として、古くから信仰されています。

地蔵尊供奉修の流れ

当日受付 ─ 地蔵講 ─ 法話 ─ お茶

トータルで約1時間半

↳ お茶とお菓子を楽しみます

料金 無料
※回向をご希望の場合、回向料は別途

日時 毎月24日 14:00～15:00

お坊さんからのメッセージ

住職 瀧藤尊淳さん

聖徳太子は十七條憲法で「和を以て貴しとなす」と示されました。日本人の崇高な精神性が称賛される所以は、太子の「和」の教えが日本人のDNAとして受け継がれてきたことにあると申しても過言ではないと考えます。複雑に変化する時代ですが、日本人が大切にしてきた和の心を未来へ継承することが、私たち仏教徒の使命だと思うところです。

DATA

正式名
和宗光徳山瑞雲寺真光院

所在地
大阪府大阪市天王寺区夕陽丘町4-8

📞 06-6771-6145

アクセス
🚇 大阪メトロ谷町線四天王寺前夕陽ケ丘駅から徒歩約1分

※拝観時間は9:00～17:00

法樂寺
真言宗泉涌寺派 紫金山
大阪府

しんごんしゅうせんにゅうじは しこんざん ほうらくじ

おすすめ修行体験
写経、茶道、法話

お寺の座敷で静かに写経し、美しい庭を見ながらお茶を楽しみ、仏様についての話を聞きます。筆を持つこと、お茶をいただくこと、そんな簡単なことで慌ただしい日常から自分の心を切り替え、日本文化や己の心に触れます。

鐘楼堂を見下ろす樹齢800年を超える大楠(大阪府指定天然記念物)。悠々としたその姿は寺に清雅さをもたらします。

1 木造の趣きある山門。
2 本堂の手前には、英霊地蔵が祀られています。

法樂寺は近畿三十六不動霊場の第三番札所や大阪十三佛霊場の第一番札所、役行者霊蹟札所、神仏霊場大阪第六番となっています。

真言宗泉涌寺派の大本山
平重盛が創建した
「田辺のお不動さん」

　法樂寺は平家の頭領である平清盛の嫡子である平重盛によって、治承2年（1178年）に創建されました。近世江戸期から戦後間もない頃までは、戒律復興運動の中で中興された厳格な律院でした。また、江戸時代後期には「日本の小釈迦」とまで称された慈雲尊者が13歳で得度、その後初めて住職となった尊者ゆかりの寺院でもあります。

　現在の法樂寺は、「田辺のお不動さん」と親しまれています。かつて摂津国田辺は、北に阿倍野の四天王寺、東に繁華な平野郷、西に朱雀大路、熊野街道が通っていました。それら大道、街道として賑わいをみせていた中間域に、法樂寺があります。境内には、平成の三重塔や樹齢800年を超える大楠など、見所が充実しています。

境内には、僧侶がかぶる網代傘（あじろがさ）をイメージした「リーヴスギャラリー小坂奇石記念館」や「リーヴスホール明王殿」を併設。

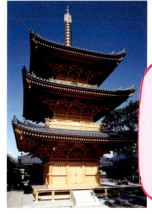

山門をくぐると目の前にそびえる木造三重塔。塔を三度読経しながら廻ると功徳を得てご利益があるとされており、最近では良縁祈願に若い女性の参拝も多く見受けられます。

写経、茶道、法話の流れ

申し込み（電話・メール）→ 本堂にて受付 → 体験流れを説明 → 写経30～60分 → お茶室にて茶道 → 法話

トータルで約2時間

掛け軸や花入れなど日本美術についての説明も

料金　1,500円（お抹茶、お菓子代込み）　　日時　10:00～15:00で随時受付

本の特典　写経、茶道、法話に参加で生まれ年の根付（木製）をプレゼント

住職　小松光昭さん

お坊さんからのメッセージ

天王寺からJRに乗ると、初夏には美しい蓮の花が咲く桃が池、反対側に金色に輝く三重塔の宝輪が見えます。法樂寺の境内に一歩踏み入れると、その凛とした佇まいに新たな発見があるかもしれません。

DATA

正式名
真言宗泉涌寺派紫金山法樂寺

所在地
大阪府大阪市東住吉区山坂1-18-30

📞 06-6621-2103
（修行体験の予約問い合わせは06-6626-2805）

✉ hourakuj@silver.ocn.ne.jp
🌐 http://www.horakuji.com

アクセス
🚃 JR南田辺駅から徒歩約5分、大阪メトロ谷町線田辺駅から徒歩約7分

天台宗 御嶽山
播州清水寺
兵庫県

てんだいしゅう みたけさん ばんしゅうきよみずでら

おすすめ修行体験

朝粥会

朝6時から読経、20分の止観（坐禅）をし、その後ご住職の法話を聞き、最後に朝粥を食べて解散します。誰でも普段着で気軽に参加することが可能。集中した空気に触れることで、何も考えず頭と心が鎮まるような時間にできるかもしれません。

寺の入り口にある仁王門。鮮やかな朱塗りが目を引きます。

1 根本中堂は推古35年に創建。大正2年に炎上。その後再建され、入仏供養が執り行われました。 **2** 西国二十五番札所の大講堂。本尊は十一面千手観世音菩薩。

幻想庭園ライトアップでは、苔、石垣、紅葉、そして落ち葉の鮮やかなコントラストの庭園がライトアップされます。

清水寺と称される由緒の地であるおかげの井戸。湧水に顔が映ると寿命が3年延びると言い伝えられています。

愛嬌のある表情が人気の薬師堂内の十二神将は、"せんとくん"の産みの親、彫刻家籔内佐斗司さんの作品です。

喧騒から離れ自然に守られた
奥兵庫の頂の山寺を目指して

　奥兵庫の豊かな自然に囲まれた播州清水寺。開基の法道仙人はインドの僧で、今から1800年前、中国、朝鮮を経てこの地にたどり着き、鎮護国家豊作を祈願されました。推古35年（627年）には推古天皇勅願によって根本中堂が建立され、法道仙人一刀三礼の秘仏十一面観世音菩薩、脇士毘沙門天王、吉祥天女を安置。もともとこの地は水に乏しかったため、仙人が水神に祈ったところ、霊泉が湧出し、そのことに感謝して清水寺と名づけられました。

　四季折々の美しい自然の姿が垣間見れる境内では、春はステージイベントや野外カフェのある鴨川桜まつり、秋は幻想的な庭園の紅葉ライトアップなど各種イベントを実施。2018年のライトアップは11月10日〜25日、17:30〜21:00まで開催予定です（入場は20:30まで受付）。

朝粥会の流れ

料金　1,000円　日時　第3日曜日6:00〜（4〜12月のみ）

📖 **本の特典**　朝粥会参加でお守りをプレゼント

住職
清水谷善英さん

お坊さんからのメッセージ

奥兵庫の自然たっぷりの山寺、のんびりとご参拝ください。止観では時に心地よく、時に胸が苦しくなり、時に自身の心の変化を感じられることと思います。お気軽にご参加ください。

DATA

正式名
天台宗御嶽山播州清水寺

所在地
兵庫県加東市平木1194

📞 0795-45-0025

🖥 http://kiyomizudera.net

アクセス

🚌 JR相野駅からバス（1日2本）で約35分、清水寺下車すぐ

🚗 舞鶴若狭自動車道三田西IC、中国自動車道ひょうご東条ICから約20分

※拝観時間は8:00〜17:00（入場は16:30まで）
拝観料は500円（高校生は300円）

融通念佛宗 総本山 大源山

大念佛寺
（だいねんぶつじ）

大阪府

ゆうずうねんぶつしゅう そうほんざん だいげんざん だいねんぶつじ

\「南無阿弥陀仏」の
念仏を広めた
民衆のためのお寺／

日本で初めての念仏道場として知られる大念佛寺。「一人の念仏が万人の念仏に通じる」という教えを広めました。

圧巻の本堂は大阪府下最大の木造建築。

112

山門中央間の虹梁に掲げられた扁額には「大源山」の山号が。
これは、霊元天皇皇女、宝鏡寺寓徳厳尼によって書かれたもの。

大念佛寺

本堂の天井絵。本堂自体が広大なので、天井絵の枚数も多く見応えたっぷりです。

霊骨、胎内仏、水子地蔵を祀っている楽邦殿（納骨堂）。

\ 音色が聴こえてきそう♪ /

楽邦殿の2階には、楽器を手にした仏像が祀られています。

なにわ七幸めぐりの中の1ヶ寺となっており、諸芸上達にご利益があるとされています。

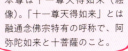

本尊は十一尊天得如来（絵像）。「十一尊天得如来」とは融通念佛宗特有の呼称で、阿弥陀如来と十菩薩のこと。

「南無阿弥陀仏」を口にして唱える 念仏信仰の先駆けとなった寺院

　日本最初の念仏道場として知られる大念佛寺は、宗祖良忍が開創した融通念佛宗の総本山。大治2年（1127年）、当時聖徳太子信仰の厚かった良忍上人が四天王寺に立ち寄ったとき、太子から夢のお告げを受け、鳥羽上皇の勅願により平野に根本道場として創建したのが始まりとされています。

　良忍は、阿弥陀仏の示現を受け、「一人の念仏が万人の念仏に通じる」という自他の念仏が相即融合しあうという立場から融通念佛を創始しました。そして「南無阿弥陀仏」の名号を口に出して称える念仏、称名念仏で浄土に生まれると説き、平安末期以降広まった念仏信仰の先駆けとなりました。

　その後、火災などにより一度は荒廃しましたが、元禄期（1700年頃）に本山としての体裁が整い、今に至っています。

　壁落ち屋根が見事な山門をくぐると、目の前に総欅造り銅板葺きの本堂が現れます。

　境内には、霊骨、胎内仏、水子地蔵が祀られている楽邦殿（納骨堂）や、鳥羽上皇を奉安する権現造り霊明殿、伝教大師作と伝えられる聖観音立像が祀られている円通殿（観音堂）など、歴史的建造物が建ち並んでいます。

伝教大師作と伝えられる聖観音立像を祀り、左右には大通上人が募った日月祠堂位牌を安置した円通殿（観音堂）。

地域のお祭の時期になると山門前には提灯が掲げられます。

大念佛寺

煌びやかな吊り灯籠には、融通念佛宗の理念が記されています。

民衆に広く説かれた尊い教え

　日本の念仏門最初の宗派として、仏教が庶民に開かれる源となったといわれる融通念佛宗の理念は、「一人一切人　一切人一人　一行一切行　一切行一行　是名他力往生　十界一念　融通念仏　億百万遍　功徳円満」というもの。これは「自分（一人）は世の中の人（一切人）と共に生きている。世の中の人も、自分と共に生きている。自分が称える念仏（一行）は世の人の為の念仏（一切行）でもあり、世の人の念仏も自分の為の念仏である」と解釈されており、本堂の天蓋にも記されています。

One for All, All for One の理念にも繋がる有難い教え

毎年5月に行われる「万部おねり」の様子。

「数珠くり」の様子。

地域で発展した名物行事

　この寺院の最大の伝統行事は毎年5月に行われる万部おねり。阿弥陀経を一万部読上げ、極楽浄土をこの世に現出させ、二十五菩薩練り供養の儀式で大阪市指定無形民俗文化財にも指定されています。

　毎年1月16日、5月16日、9月16日に開催される大数珠くりは、念仏を100万回唱え、極楽往生、死者追善、除災与楽を願うもので、欅の珠を連ねた大数珠を本堂の四隅いっぱいに広げ、参拝者が一連同座して、念仏を唱えながら数珠を廻すさまは圧巻です。

＼地域の人々が待ち望む、子どもも楽しめる行事！／

大念佛寺

西の方角に向かい、一日も欠かさず念仏を唱えます

融通念佛の最大の特徴は、観想念仏から称名念仏の重要視に変えたことであり、融通念佛宗では、毎朝西方に向かって良忍の説いた十界一念・自他融通の浄土往生を期する念仏（融通念佛）を十唱することなどを日課としています。

> 日々のお勤めでは、西方に向かって念仏を唱えています。

修行体験の種類

写経会
毎月26日　9:30～15:00
参加料　1,000円（写経用紙筆代）
場所　大念佛寺　白雲閣

大念佛寺仏教講座
毎月第2水曜日
14:00～16:30（8月は休講）
会場　大念佛寺　白雲閣
受講料　無料
※参加申し込み不要

DATA

正式名
融通念佛宗総本山大源山大念佛寺

所在地
大阪府大阪市平野区平野上町1-7-26

☎ 06-6791-0026

🖥 http://www.dainenbutsuji.com

拝観時間
9:30～16:30
（17:00閉門）

拝観料
無料

アクセス
🚃 JR大和路線平野駅から徒歩約5分、地下鉄谷町線平野駅から徒歩約8分
🚗 阪神高速松原線駒川ICから約5分

駐車場は狭く、住宅に囲まれたこぢんまりとした禅寺ですが、その静寂さや特別さに魅力を感じ、参拝客が訪れます。

りんざいしゅうなんぜんじはてんしょうざんみょうせんじ

臨済宗南禅寺派 天照山

明泉寺
みょうせんじ

兵庫県

農耕や運輸を守護する牛の寺として
強い信仰を集める源平ゆかりの「大日さん」

　明泉寺は通称を大日寺とも言い、「大日さん」の呼び名でも親しまれています。創建当初は現在の地から1kmほど北、古明泉寺大日丘にありましたが、寿永3年（1184年）、明泉寺合戦にて平盛俊が陣を構えたため戦火で焼け、観応2年（1351年）赤松判官光範によりこの地に復興されました。

　明泉寺町という町名はまだ新しいですが、大日丘や大日川など、本尊「大日如来」にゆかりのある地名や名が今も残っています。また、大日如来が農耕や運輸を守護することから、昔は牛の寺としても参拝者が多かったそうです。今でも近郊の牧場関係者の篤い信仰を集めています。

　本堂も境内も住宅に囲まれた寺ですが、一度足を踏み入れると不思議と静けさがあり、寺の真横を走るバスの音もあまり聞こえません。20年近く続けて坐禅会に集う常連さんがいるのも、この寺に静寂さや特別さを感じるためかもしれません。

1 本尊は大日如来像。木芯乾漆という古い技法で作られ、天平の世より信仰を集めてきました。
2.3 農耕や運輸を守護する牛の寺としても知られ、たくさんの牛の人形が奉納されています。

おすすめ修行体験
どよう坐禅会

第2・第4土曜の夜に開催する定期坐禅。座布団2枚を使って、本堂に坐ります。初心者から常連さんまで幅広く参加しています。坐が組みにくい人にはイスの用意も。不定期で休憩の際に法話を聞いたり、写経を行ったり、住職が参加した行事や旅行などの報告（映像等）が入る場合があります。坐禅以外でも、禅寺の空間をぜひ楽しんで。

毎年3月28日10：00〜14：00に秘仏大日尊御開帳・牛まつりを開催。大数珠繰り、大般若祈祷、お斎の振る舞い、清興などがあり、檀信徒に限らず、誰でも自由に参拝できます。

坐禅会は観光客や仕事帰りの人たちなど、初心者から常連客まで集います。多くても10人程度で、気軽に参加が可能。団体対象の予約制坐禅会や大学や会館などへの出張坐禅会も実施。

どよう坐禅会の流れ

当日受付 → 説明 → 坐禅×2 → 休憩・茶話会 → 坐禅

トータルで約2時間

法話、写経、行事報告などが入ることがあり

料金　500円　　日時　第2・第4土曜日18：30〜20：30
※変更の可能性あり。当日電話にて確認を。

📖 **本の特典**　どよう坐禅会が初回無料、もしくは御朱印が無料

住職
冨士凌雲さん

お坊さんからのメッセージ

『気楽に、しかし根気よく』が当山坐禅会のモットーです。坐禅によって体とこころを整え、日々の生活においてそれを活かすことができれば、我々は自らの人生を堂々と生きていくことができるのではないでしょうか。仲間とご一緒に坐ってみませんか？

DATA

正式名
臨済宗南禅寺派天照山明泉寺

所在地
兵庫県神戸市長田区明泉寺町2-4-3

📞 078-691-8338
✉ souki-f@hi-net.zaq.ne.jp
💻 http://www.kobe-myousenji.jp

アクセス
🚌 西神・山手線長田駅、神戸高速鉄道高速長田駅からバスに乗車し約10分、『大日寺前』下車すぐ

※駐車スペースに限りあり。事前に連絡を。

安養寺

浄土宗 大悲山 成覚院

じょうどしゅう だいひざん じょうかくいん あんようじ

兵庫県

尼崎城城主の青山候ゆかりの寺
都会の中で安心を養って

　JR神戸駅からもほど近く、立地に恵まれた安養寺。天歴4年（950年）、恵心僧都の妹（母の説もある）にあたる安養尼が、尼崎の大物に建立したと伝えられています。その後、700年以上経過した貞享1年（1684年）、尼崎藩主青山幸利が亡くなると、遺言により現在の場所に菩提寺として移築されました。阪神淡路大震災によって本堂は全壊しましたが、20年後に再建が終了。平成27年に新築されたばかりの本堂は、昔の工法で檜をメインに使い建立されました。壁も土塀で、自然のもので囲まれた空間は、都会の中でもほっとする空間になっています。

　安養寺では、お寺を訪れる機会がない人に向けたイベント「テラキテ」を毎年開催しています。普段はあまり接点のないお坊さんとの貴重な出会いを通して、仏教や日本文化の素晴らしさを感じてみて。

1 近郊には運動公園や文化ホール・体育館があり、駅からも近い便利な立地が魅力。2 安養寺本尊阿弥陀如来。

平成27年に震災からの復興で新築された本堂。訪れた多くの方が、つい時間を忘れ長居してしまう空間に。

おすすめ修行体験

ヨガ体験

自然の素材（檜、土壁、い草）に囲まれ、天井が高く開放的な本堂で、仏様に見守られてヨガ。身体が硬くても体力がなくてもOK。呼吸を意識しながらゆっくり動いていきます。リラックスするだけではなく、必要な筋肉をしっかりと動かして、健康の向上、維持を目指します。（定員15名）

自然の材料（檜、土壁、い草）に囲まれ、天井が高く、両側を開けると開放的な空間になる本堂。ここで、仏様に見守られながらヨガを楽しみます。

休日の朝一番のコガで、平日の疲れをリフレッシュ。体力に自信がなくても自分のペースで楽しめます。60歳以上は割引になるのも嬉しいポイント。

ヨガ体験の流れ

申し込み（電話・メール） → 当日受付 → ヨガ教室
トータルで約1時間半

持ち物 動きやすい服、タオル、飲み物、ヨガマット
（なければ大きめのバスタオル）

料金 1,500円
（60歳以上1,000円）

問い合わせ 090-2046-0237
guwann@icloud.com

日時 月1回日曜日8:00〜
※スケジュールは変更の可能性があるので、必ず事前予約を。

📖 **本の特典** ヨガ体験が500円引き

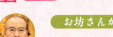

お坊さんからのメッセージ

住職
清水涼裕さん

頑張りすぎると心も体もこわばってきます。肩の力を抜いてみると、素晴らしいことがたくさん。時に辛くても、違う道や助けはあります。そうやって役に立てるのがお寺・お坊さんではないかと思います。

DATA

正式名
浄土宗大悲山
成覚院安養寺

所在地
兵庫県神戸市中央区楠町7-1-10

📞 078-341-5894
🖥 http://anyoji.info/

アクセス
🚃 JR神戸駅から徒歩約10分、阪急・阪神高速神戸駅から徒歩約5分、神戸市営地下鉄大倉山駅から徒歩約2分
🚗 阪神高速道路大阪方面から京橋ICより約15分、明石方面から柳原ICより約15分
（駐車場なし、周辺にコインパーキングあり）

緑に囲まれた境内は、いつでも参拝客を穏やかに迎え入れます。

浄土宗 誕生山
聖光院
吉祥寺
きちじょうじ
福岡県

じょうどしゅう たんじょうさん しょうこういん きちじょうじ

4月下旬には境内が見事な藤色に
小高い丘に佇む聖光上人ゆかりの寺

　福岡県北九州市にある吉祥寺町の小高い丘の上に、伽藍を構える誕生山吉祥寺。浄土宗の僧である聖光上人（弁長）によって建立されたとされています。

　聖光上人は応保2年（1162年）、この地で誕生。しかし産後に母は容態が急変し、我が子に尽きぬ思いを残したまま世を去りました。その後、浄土の教えを学んだ聖光上人は産屋の跡に伽藍を建立して「誕生山聖光院吉祥寺」としました。

　明治37年には、37世住職によって3本の野田藤が境内に植えられました。現在では藤の種類も野田藤の他に白藤、ふち紅藤、紅藤、八重黒龍藤と増え、全面藤棚となった本堂前は4月中旬から見頃に入り、天候がよければ5月初旬にかけて美しい藤色で彩られます。藤の見頃に合わせて、4月27〜29日に開山忌藤まつりが開催され、毎年10万人以上の来場者が集う一大行事となっています。

境内には1,000㎡もの広さを誇る藤棚が。5種類の藤のグラデーションを堪能して。

おすすめ行事

開山忌藤まつり

吉祥寺では、明治37年に野田藤を3本境内に植え（昭和49年北九州市保存樹指定）、その見頃に合わせ、4月27〜29日に聖光上人の開山忌を勤めるようになりました。現在では藤の種類も5種類に増え、境内にある1,000㎡の藤棚は、毎年見事な藤色に染まります。

藤まつりの期間中は、露店が150店舗ほど出店。10万人以上の方が参拝に訪れ、近年は外国の方も増えてきました。

1 藤に限らず、ツツジや蓮など四季折々の花々が咲き誇る境内。**2** 中国浄土教の開祖慧遠大師がインドから持ち帰り、厚生省廬山の東林寺の池に植えて清賞した「三国伝来青蓮華」。吉祥寺では毎年7月上旬〜8月中旬に見頃を迎えます。

開山忌藤まつりについて

藤棚の拝観 → 本堂にて御開帳法要 → 法話 → 出店の見学など

料金 無料
※ただし、藤の時期は藤保存のため駐車場代500円、境内には芳志箱を設置しています

日時 毎年4月27日〜29日

住職 青柳俊教さん

お坊さんからのメッセージ

聖光上人は「念死念仏」と言う言葉を残されました。世の中は無常。いつ死が訪れても不思議ではありません。だからこそ日常より最後臨終を意識して日暮をすることによって、生の尊さに気づかされ、今の一瞬一瞬がとても大切なひと時となり、感謝の毎日になるのではないでしょうか。日頃より「南無阿弥陀仏」とお念仏をお称えすれば心は育まれ最後は必ず阿弥陀様がお迎え下さります。

DATA

正式名
浄土宗誕生山聖光院
吉祥寺

所在地
福岡県北九州市八幡西区
吉祥寺町13-11

📞 093-617-0237

アクセス

🚌 JR鹿児島本線黒崎駅からバスで約30〜40分、明治町団地下車、徒歩約6分。筑豊電鉄筑豊香月駅から徒歩約25分（タクシーで約5分）

🚗 九州自動車道八幡ICから約10分。北九州都市高速小嶺ICから約8分

にちれんしゅう ろくじょうもんりゅう ひごほんみょうじ

淨池廟拝殿。清正自身が築いた熊本城の天守閣と同じ高さの地に葬られて、淨池廟と称されました。

日蓮宗 六条門流

熊本県

肥後本妙寺（ひごほんみょうじ）

400回以上続く年中行事の開催も 初代熊本藩主・加藤清正の菩提寺

　初代熊本藩主で、今でも「清正公さん」と親しまれる加藤清正ゆかりの寺として知られる本妙寺。天正13年（1585年）に清正が父の菩提寺として摂津に建立し、のち肥後太守となり熊本城内に移転しました。

　慶長16年（1611年）に清正が熊本城内にて死去し、遺言状により城西中尾山の中腹に御廟所（淨池廟）を造営。やがてこの地が、現在の肥後本妙寺となりました。

　本妙寺では毎年7月23日に「頓写会（とんしゃえ）」を開催。これは、高麗日遥上人が清正の菩提を弔うために1周忌に法華経を書写したのが始まりで、3回忌に山内の僧侶が加わり行ったところ一夜にして写経ができたところから「頓（すみやか）に法華経（69,384文字）を写経した法会」ということに由来しています。400年以上続く、全国的にみても大変珍しく、貴重な行事とされています。

1 清正の大銅像へ続く300段の石段は、清正公325年祭に合わせて作られたもの。2 本妙寺大本堂は西南の役で焼失後、明治27年に落慶しました。3 毎年春には、本妙寺花灯籠を開催。4 清正の墓である淨池廟本殿。

毎年7月23日に開催される頓写会。頓写法要行列や拝殿での頓写法要が催され、境内は地元の住民をはじめ多くの参拝客で賑わいます。

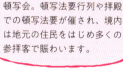

おすすめ修行体験
一文字写経

加藤清正をまつる本妙寺の拝殿で法華経の中から一文字を写経する「一文字写経」などを体験。誰でも気軽に参加が可能です（御廟所開帳はプラス2,000円）。写経後は案内人から本妙寺の歴史を聞きながら境内を見学します。

清正公325年祭にあたり制作された身長約9m、台座を入れると約17mの加藤清正公銅像。戦時中に金属供出されるも、350年祭に再建されました。

一文字写経の流れ

（電話）3日前までに申し込み → 寺務所に集合 → 一文字写経 → 境内を見学

トータルで約40分

一文字写経：約7万字の法華経から一文字を写経します

料金　1,000円　　日時　随時受付

📖 **本の特典**　写経体験あるいはご開帳申し込みで
オリジナルクリアファイル&散華をプレゼント

DATA
正式名
日蓮宗六条門流
肥後本妙寺

所在地
熊本県熊本市花園4-13-1

📞 096-354-1411
🌐 http://www.honmyouji.jp/index.html

アクセス
🚌 JR熊本駅からバスで約10分、本妙寺電停前下車、徒歩約10分
🚗 九州自動車道熊本ICから約40分

住職
池上正示さん

お坊さんからのメッセージ

肥後本妙寺は、熊本地震で総門の「仁王門」が不通となり頓写会も夜店がなくなりましたが清正公の魂を伝える法要は、欠かさず厳修しています。これも御加護と皆様の支援のおかげと感謝し、復興に励みます。合掌。

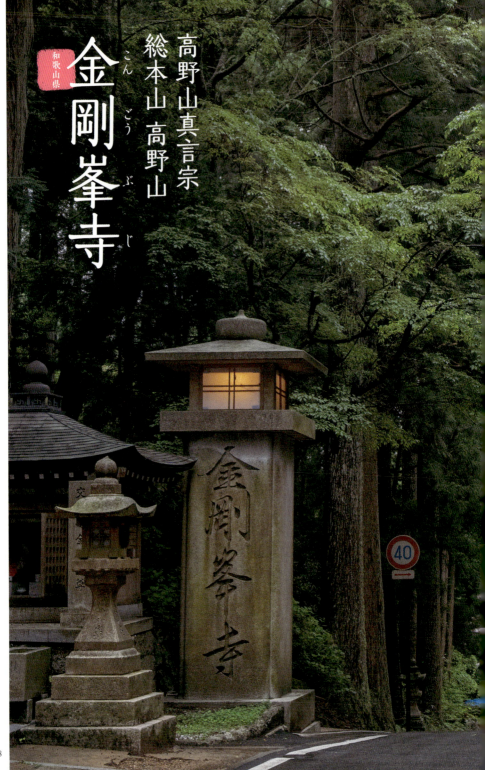

金剛峯寺（こんごうぶじ）

和歌山県

高野山真言宗
総本山 高野山

こうやさんしんごんしゅう そうほんざん こうやさん こんごうぶじ

緑深き山中の大いなる聖域

金剛峯寺

芸術性に圧倒される見事な石庭

弘法大師によって開かれた山上の聖地

　近年ユネスコの世界遺産「紀伊山地の霊場と参詣道」の一部として登録された宗教都市、高野山。この広大な宗教都市には、100以上の寺院が集中しており、宿坊も多数あることから、国内外から多くの参拝客が連日足を運んでいます。

　金剛峯寺は、真言宗の宗祖、弘法大師（空海）が拠点とした寺院。弘仁7年の創建以来継承されてきた特殊な伽藍配置を伝える山岳寺院で、真言密教の根本霊場として信仰を集めてきました。

　寺院内には多くの見所がありますが、中でも日本最大の石庭・蟠龍庭、真言密教における瞑想法・阿字観を体感できる阿字観道場、僧侶の食事を賄ってきた台所は必見です。

2,340平方メートルと国内最大級の広さを誇る石庭、蟠龍庭。

この釜３つで
約300キロの
お米が炊ける！

江戸期以降、大勢の僧侶の食事を賄ってきた台所。ひとつの釜で約7斗（98キログラム）のご飯を炊くことができる大釜が３基並んでいます。

金剛峯寺

真言密教の根本道場におけるシンボルとして建立された根本大塔。

根本大塔は多宝塔様式としては日本最初のものといわれ、堂内そのものが立体の曼荼羅として構成されています。

山中一帯が全て境内！

総本山金剛峯寺という場合、金剛峯寺だけではなく高野山全体を指します。一般的にはお寺といえばひとつの建造物を思い浮かべ、その敷地内を境内といいますが、高野山の場合は「一山境内地」という解釈のもと、高野山全体がお寺であると考えられています。

見所を挙げればきりがないのですが、本殿がある敷地以外の見所として2カ所取り上げたいと思います。

ひとつ目は金堂の中にある根本大塔。空海が、修行の中心地として最初に着工したのが日本初の多宝塔。今までに落雷などで何度も焼失・再建を繰り返しているので、現在のものは昭和12年（1937年）に再建されたものですが、特徴のあるフォルムと鮮烈な朱の色が目をひきます。

塔の内部には、密教の曼荼羅世界が表現されています。曼荼羅の世界は、大日如来を中心に展開する広大無辺な世界で、それを具現化したものが胎蔵界曼荼羅と金剛界曼荼羅。胎蔵界は悟りの世界を、金剛界は智慧の世界を表現しており、2つ合わせて両界曼荼羅と呼ばれています。

もうひとつの見所は、奥の院。徳川家が高野山を菩提所と定めたことから、武将の墓所としての歴史を重ねてきました。一の橋の入口から、空海が今も瞑想を続ける御廟までは約2km。参道の両脇には、樹齢数100年の杉、武将や財界の著名人約20万の墓や供養塔がずらりと並んでいます。ここから御廟までには3つの川があり、そこにかかる現世、来世、浄土の境界を現した橋を渡ることで、安全に来世や浄土へ行くことができるとされています。

御廟までの道のりには、おおよそ20万基を超える諸大名の墓石や、祈念碑、慰霊碑の数々が立ち並んでいます。

金剛峯寺

「阿」と書かれた掛け軸の前で呼吸をしながら少しずつ心を調えていきます。

真言密教ならではの呼吸法

高野山に行ったら、宿坊に泊まりながら、ゆっくり時間をかけて修行体験することをおすすめします。おすすめは阿字観という真言密教における修法のひとつ。真言密教は禅宗とは異なり本来座禅はありませんが、独自の瞑想法があります。阿字観は、道場内の梵字で「阿」と大きく筆書きされた掛け軸の前で行います。この「阿」は、真言密教の教主である大日如来のこと。この「阿」を大きな声で唱え、独自の呼吸法をしながら自身の雑念と向き合う時間を持つことで雑念をコントロールできるようになります。

修行体験の種類

阿字観体験

阿字観とは、真言宗における呼吸法・瞑想法です。
4月下旬から11月中旬まで週4日開催(金・土・日・月を基本とします)

1日・4回実施
(所要時間約1時間) 9:30～/11:30～/13:30～/15:30～
各回定員20名
参加費 1,000円
(参加は小学生以上)
会場 総本山金剛峯寺・阿字観道場
※金剛峯寺内別殿販売所にて受付。拝観窓口で別途内拝料を支払います。
(一般500円)
※予約不可。先着順。道場に冷暖房はありませんので山の気候に合わせた服装を。
※金剛峯寺の行事等により開催の見合わせ、時間を変更する場合があります。

写経

毎日受付 8:30～15:00
座席数 30席
御奉納料 1,000円
会場 高野山大師教会内・写経室
※その場で御奉納できない場合は、実修料(用紙代等として)100円のお供えを頂戴。
※諸行事により実修ができない場合もあるので確認を。

授戒

仏様の示された戒めの教え(戒)を阿闍梨様から直接授かり法話を頂く儀式。
実施時間
9:00～/10:00～/11:00～/13:00～/14:00～/15:00～/16:00～
所要時間 約30分
各回定員 200名
入壇料 500円
会場 高野山大師教会・授戒堂
※各実施時間の10分前までには受付を済ませて。
※儀式が始まったら、途中お堂内より出ることができません。

修行体験についての問い合わせは下記まで。
〒648-0294
和歌山県伊都郡高野町高野山347
高野山大師教会
☎ 0736-56-2015
FAX 0736-56-4502

DATA

正式名
高野山真言宗
総本山高野山
金剛峯寺
所在地
和歌山県伊都郡高野町高野山132
☎ 0736-56-2011
🖥 https://www.koyasan.or.jp
拝観時間
8:30～17:00
拝観料
500円
アクセス
🚋 南海高野線極楽橋駅から南海高野山ケーブルで高野山駅へ
🚗 阪和自動車道岸和田和泉ICから約1時間10分、京阪奈自動車道紀北かつらぎICから約40分、京阪奈自動車道高野口ICから約50分、京阪奈自動車道かつらぎ西ICから約40分、京阪奈自動車道橋本ICから約50分

きんぷせんしゅげんほんしゅう なんようざん きんりゅうじほんどう

金峯山修験本宗 南陽山

金龍寺本堂

沖縄県

護摩供などの祈祷が実施される本堂。

おすすめ修行体験

止観（座禅）

毎月第1水曜日に開催される止観（座禅）では、高ストレスな社会で、自分を発見できます。早朝の新鮮な空気の中で行われる、心洗われるひと時。心と体と息を調え、頭の中も整理して。

高台にある境内からは沿岸部が一望できます。心地よい海風を肌で感じて。

近隣の住民たちの憩いの場にもなっているアットホームな寺院。

沖縄の明るい雰囲気を味わって自然とパワーがもらえる寺

　沖縄県豊見城市にある金龍寺本堂は平成11年に創建された金峯山修験本宗のお寺です。

　金龍寺本堂の住職である金城光順さんは、奈良県にある金峯山修験本宗の総本山金峯山寺での修行を終えて沖縄に帰る際、奈良県から九州までの陸路をすべて歩いて帰ってきたというので驚き。まさに修験道を実践しています。そんなパワーあふれるご住職のいるお寺に行けば、どんな人でもきっと元気をもらえることでしょう。

　地元のスポーツ少年団などの指導も行い、境内には子どもたちもよく訪れています。また、定期的に止観行（座禅）を行っており、誰でも参加することが可能。沖縄の明るい雰囲気がそのまま宿る、温かく開放的なお寺です。

早朝の新鮮な空気の中で行われる止観（座禅）で、心身を調えて。

止観（座禅）の流れ

申し込み（電話）→ 止観（座禅）→ 法話　**トータルで約1時間**

・住職による法話を聞きます。

料金　無料
日時　毎月第1水曜日
※時間は事前に問い合わせを

本の特典　止観（座禅）参加で授与物（お守り）をプレゼント
※2019年11月末まで

住職
金城光順さん

お坊さんからのメッセージ
不平不満を並べるより、まず自分を客観的に見てみましょう。自分の行いや態度が変われば周りも変わる。まずは、どんな小さなことでもいいから自分を変えていきましょう。そして、周りを信じて生きましょう。

DATA

正式名
金峯山修験本宗南陽山
金龍寺本堂

所在地
沖縄県豊見城市嘉数370-1
098-850-0819

アクセス
沖縄都市モノレール線
安里駅から徒歩約45分
那覇空港自動車道
南風原南ICから約10分

きんぶせんしゅげんほんしゅう ほうこうざん どうしんじ

朝のお勤めに参加して、自分の中にある感謝の心を大きく育てて、一日をスタート。

金峯山修験本宗 法光山 道心寺

沖縄県

お正月、ひな祭りなど、さまざまな行事の際に地元の人々が集う交流の場となっています。

おすすめ修行体験
勤行・座禅

堂内で毎日6:30から行われる勤行には、誰でも参拝が可能。経本を借りて、お坊さんと一緒にお経を唱えます。また、座禅はいつでも自分の好きな時間に堂内で行うことができます。心を落ち着けたい時に立ち寄って。

本島では珍しい、島国ならではの可憐な植物に出会えるかもしれません。

沖縄ならではの文化や自然に出会える
こころ安らぐアットホームなお寺

　県庁所在地である那覇市の南に隣接し、東シナ海に面した海風がそよぐ沖縄県豊見城市。道心寺はそんな自然豊かな豊見城市にある比較的新しい金峯山修験本宗のお寺です。創建は平成2年。宗祖である役行者神変大菩薩の「身の苦に依って心乱れざれば証果自ら到る」との教範にならって開かれた修験道の寺として知られています。

　お正月は初詣で賑わい、ひな祭りにはお堂にひな人形をたくさん飾り、季節の花が咲き誇り…、境内にいると一年を通してさまざまな行事や四季の移ろいを感じることができ、地元の人々にも愛され続けています。

　また、沖縄郷土芸能の三線(さんしん)・琉球舞踊などの指導も行っており、誰でも体験することができます。沖縄文化と仏教の教えに同時に触れる、特別なひと時を体感してみて。

毎週月曜日から木曜日の夕方には、境内で沖縄郷土芸能の三味線や琉球舞踊などの指導を実施。どなたでも参加することができます。琉球の伝統文化に触れる貴重な機会に。写真は、祝賀会にて舞踊を披露する生徒たち。

勤行・座禅の流れ

申し込み（電話）→ 勤行 → 法話 → 住職による → 座禅

トータルで約1時間

座禅は一度指導を受けたら、2回目からは好きな時に行えます

料金　無料　　日時　毎日6:30〜

本の特典 勤行・座禅参加で授与物（お守り）をプレゼント
※2019年12月末まで

住職
赤嶺詮龍さん

お坊さんからのメッセージ
自分の中にある「ありがとう」の心を大きく育てましょう。仏様はその手助けをして下さいます。仏様と出会える場所、それがお寺です。「ありがとう」が、今あることの幸せに気づかせてくれます。

DATA

正式名
金峯山修験本宗
法光山道心寺

所在地
沖縄県豊見城市字翁長206-2

☎ 098-850-9783

アクセス
🚃 沖縄都市モノレール
　戦赤嶺駅出口徒歩約60分
🚗 那覇空港自動車道
　豊見城・名嘉地ICから約10分

きんぷせんじゅげんほんしゅう そうほんざん こくじくさん きんぷせんじ

＼ 訪れた者だけが体感できる ／
聖なる奇跡の絶景

金峯山修験本宗
総本山 國軸山
奈良県
金峯山寺

金峯山寺

堂々とした威容の中に
優雅さがある
国宝・蔵王堂

吉野山の高台に建つ東大寺大仏殿に次ぐ木造大古建築、蔵王堂。

観音堂。4月18日の観音さんの縁日には、ここで大般若経六百巻を転読します。

愛染堂。愛のキューピットといわれる「愛染明王尊」が祀られています。

> 早朝の蔵王堂では、キビキビと立ち働く僧侶の姿が見られます。

修験道の祖が開いた山岳信仰の聖地

奈良・吉野山にある世界遺産にも指定された金峯山寺は、修験道の根本寺院。国土の7割を山地が占める日本では、山は古くから聖なる場所とみなされていましたが、中でも奈良県南部の吉野・大峯や和歌山県の熊野三山は、古くから山岳信仰の霊地といわれ、山伏、修験者などと呼ばれる山林修行者が活動していました。このような日本古来の山岳信仰が仏教、神道、道教などと習合し、独自の宗教として発達をとげたのが修験道で、その開祖・役行者(えんのぎょうじゃ)によって奈良時代に開かれたのがこのお寺です。

国宝に指定された本堂・蔵王堂は、高さ約34mと壮大で、木造古建築では東大寺大仏殿に次ぐ大きさ。堂内の68本の柱には、杉、檜、梨、ツツジなど自然木が使われており、自然と一体化した山岳信仰の風情を漂わせています。

蔵王堂のほかにも、本尊に十一面観世音菩薩を祀った観音堂や、本尊に愛染明王尊を祀った愛染堂、初代管長がインドにわたりガンジー首相から拝戴したお釈迦様の御真骨を奉安している仏舎利宝殿など、多くの見所があります。

仏舎利宝殿。比叡山延暦寺より奉迎した不滅の法灯を御宝前にかかげています。

金峯山寺

燃え盛る火の前で行われる護摩焚き法要。

燃え上がる炎に祈りを込める護摩焚き法要は大迫力！

独特の作法や所作、道具の使い方に、引込まれるような感覚をおぼえる護摩焚き法要。

2種2様の厳かな護摩焚き法要

　この寺院では、一般の参拝者も護摩焚き法要を見ることができます。蔵王堂では毎日午前11時から。また、蔵王堂から約500m下の谷間にある脳天大神龍王院では、毎週日曜日、祝日、毎月1日、19日の午後1時から行われ、導師による聖杖加持が行じられます。

　龍王院は「脳天さん」の愛称で親しまれ、かねてより首から上の病気治癒のために祈祷にくる人が多かったのですが、今では病気だけでなく合格祈願に訪れる人も増えているとか。

金峯山寺

霊験あらたかな山の上での法要

　吉野の山の凛とした朝の空気の中、毎朝6時半に行われる朝座勤行は、鐘の音とともに始まります。徐々にその鐘の音を打つスピードが速くなり、太鼓、法螺貝の音が続きます。荘厳なお堂の中に大勢の僧侶が一斉にお経を唱える声。般若心経を唱えながら回廊に祀られている仏像を巡る姿にも身が引き締まります。

法螺貝のうねるような音色が鳴り響きます

鐘や太鼓に続き、法螺貝が鳴り響く蔵王堂内。

朝座勤行の後、堂内の一つひとつの仏像に手を合わせる僧侶。

修行体験の種類

朝座勤行
毎朝 6:30～（蔵王堂にて）

大峯修行体験
5月から10月までの毎月1回、一般の方を対象に大峯修行体験を行っています。
修行の行程によって男性のみの募集となることがありますが、女性も参加可能な修行も受け付けています。いずれの修行にも、金峯山寺の大峯回峰行者が先達として同行します。
参加費は日程、行程は都度変わるので、申し込み・問い合わせは宗務庁まで。
※法要・行事等で変更になる場合があります。

修行体験についての問い合わせは下記まで。
総本山　金峯山寺　宗務庁
- 0746-32-8371
- FAX 0746-32-4563
- office@kinpusen.or.jp

DATA
正式名
金峯山修験本宗総本山
國軸山金峯山寺

所在地
奈良県吉野郡吉野町吉野山2498
- 0746-32-8371
- http://www.kinpusen.or.jp

アクセス
- 近鉄吉野線吉野駅からロープウェイ吉野山駅下車、徒歩約10分
- 西名阪自動車道柏原ICから約1時間

ハートマークを発見♥

きれいに調えられた経本や美しく磨き上げられた仏具。

大仏殿へと誘う門に
ふさわしい佇まい

けごんしゅうだいほんざん とうだいじ

建仁3（1203）年、二体の仁王像とともに竣工された南大門は、
大仏殿へと続く門にふさわしい、国内最大の山門です。

華厳宗 大本山
東大寺(とうだいじ)
奈良県

東大寺

\大仏さんを脇で支え／
　見守っています

大仏殿内で盧舎那仏の脇をかためる仏像。左が如意輪観音坐像、右が多聞天立像。

全てのものの幸福を願う大仏様が本尊の国民的寺院

　東大寺は「奈良の大仏さん」で知られる盧舎那仏が有名な国民的な大寺院。盧舎那仏の名は、光明遍照とも呼ばれるように、あまねく慈悲の光を意味します。

　修学旅行生、外国からの観光客で連日賑わうその風景は、この寺院が世代、国籍を問わず多様な人々を包み込む、懐の深さを象徴しているかのよう。

　さて、東大寺の歴史をひも解くと奈良時代までさかのぼります。当時、かんばつ・飢饉・凶作・大地震・天然痘の大流行・政変などが相次ぎ人々は大変苦しんでいました。このような混乱の中、聖武天皇が即位。天皇は仏教に深く帰依し、天平13年（741年）には国分寺建立の詔を、天平15年（743年）には東大寺盧舎那仏像の建立の詔を出しました。さらに造像にあたっては、広く国民に「一枝の草、ひとつかみの土」の助援を呼びかけました。つまり、命令ではなく、人々の心に訴えかけたのです。大仏様はのべ260万人の人々（当時の国民の約半数）の協力により、幸福を祈る気持ちを込めながら造立されました。

　貧しい人や孤児を救うために作られた悲田院や、薬草を栽培し怪我や病気で苦しむ人を救うための施薬院は、そもそも聖徳太子が仏教の慈悲の思想に基づき作ったのが基とされますが、聖武天皇・光明皇后もまた、動物も植物も共に栄えることを願ってこの地に整備していきました。

創建から2度にわたって焼失、鎌倉と江戸時代に再建され大仏殿。材が調達できず小ぶりになったものの、今なお世界最大級の木造建造物として親しまれています。

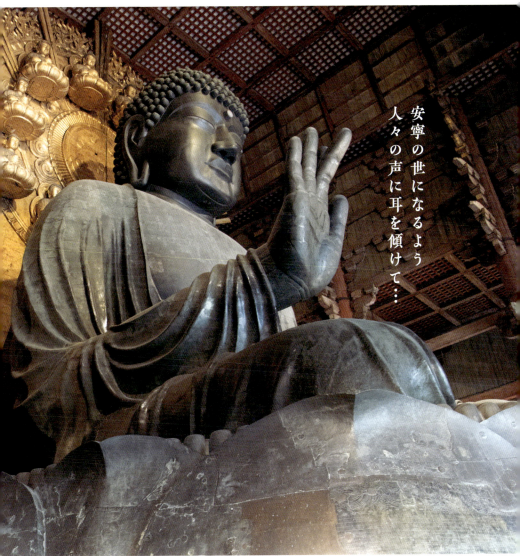

安寧の世になるよう人々の声に耳を傾けて…

東大寺

毎年4月に開催される
仏法興隆花まつり千僧法要

さて、そのように古くから国籍や属性を問わず、あまねく人々を受け入れてきた東大寺は、宗派を問わず仏教の学問を兼ね修める八宗兼学の寺としても知られています。八宗とは、南都六宗、すなわち倶舎宗、成実宗、律宗、法相宗、三論宗、華厳宗に、平安時代に成立した天台・真言両宗を加えたもの。広く諸宗の教学に通じることが、日本の学僧たちのひとつの理想だったのです。

そんな八宗兼学の精神に倣い、毎年4月26日頃にここ東大寺で行われている行事が仏法興隆花まつり千僧法要。この行事は、日本の仏教諸宗派によって設立された伝統仏教を繋ぐ仏教青年団体、全日本仏教青年会が主催。東大寺・南都二六会の全面協力のもと、30年以上続いている一大イベントです。

正午すぎ、全国から集った青年僧侶たちが、東大寺敷地内の拠点を出発。30分以上かけて大仏殿までの道程を練り歩く姿は圧巻の一言です。

大仏殿に到着すると、蓮華座に座る毘盧舎那仏の周囲を青年僧侶が取り囲み、大般若転読の法要がスタート。600巻もの「大般若経」を上に掲げ下に下ろすような動きをとりながら、朗々と読み上げていきます。

30周年記念法要では、読経終了後、大仏殿唐破風からの大散華で大団円。三帰依文を唱えながら1万枚の散華が行われる様は、僧侶や参拝者から歓声が上がるほど壮麗でした。

袈裟の色も手にするものも様々な各宗派の僧侶たちが、宗派の垣根を越え、お互いを尊重しあいながら法要を営む姿は、ここ東大寺が綿々と受け継ぎ大切にしてきた精神をそのまま体現しているかのよう。

近隣の地域や学校とも手を携え、一般の参拝者をも広く受け入れるこの行事は、人々の共通の目標である世界平和、災害からの復興への願いを繋ぎながら、今後も綿々と続いていくことでしょう。

年に一度の壮麗なイベント！

行列の終盤、大仏殿の中に吸い込まれていく僧侶たち。

何百もの声がひとつに重なる見事な大般若経の転読。

東大寺

大仏殿までの道のりを練り歩く僧侶。宗派により手にするものも出で立ちも様々。

大歓声の中、風に舞う1万枚の散華。
（30周年記念法要にて）

もうひとつの名物！
東大寺のシカたち

> 修行体験の種類

「仏法興隆花まつり 千僧法要」一般参拝

参加概要
4月26日(日曜の場合は翌月)
集合場所 東大寺総合文化センター(現地集合・現地解散)
参拝冥加料 3,000円(献花料・大仏殿拝観料含みます)
※定員になり次第締め切ります。
※年によって受付場所が変わる場合があります。

写経

「華嚴唯心偈」(百字心経)と、「般若心経」の2種類があります。
写経奉納料 1,500円
場所 本坊(南大門東側)の写経道場
※法要・行事等で使用できない場合があるので必ず問い合わせを。
東大寺写経係
📞 0742-22-5511

写仏

華厳五十五所絵巻の如来、華厳五十五所絵巻の善財童子、盧舎那仏蓮弁線刻画雲中化仏の3種類の手本と用紙が含まれています。また、手本はそのまま色紙額に飾れるように作成してあります。
写仏奉納料 3000円
※写仏は、大仏様の胎内にお納めし、心願成就を祈念します。
※用紙の余白の部分には、祈願文として経文やご自分で創作された賛文等を書き入れてもOK。浄写された年月日、御芳名等も忘れずに記入して。
東大寺写仏係
📞 0742-22-5511

DATA

正式名
華厳宗大本山東大寺
所在地
奈良県奈良市雑司町406-1
📞 0742-22-5511
🖥 http://www.todaiji.or.jp
拝観時間
4～10月
7:30～17:30
11～3月
8:00～17:00
拝観料
各600円(大仏殿、法華堂、戒壇堂)
アクセス
🚃 JR大和路線・近鉄奈良線奈良駅からバスで約5分、または近鉄奈良駅から徒歩約20分
🚗 名神高速道京都南ICから京奈和自動車道経由で約60分、京奈和自動車道木津ICから約7km、第2阪奈有料道路宝来ICから約8km、西名阪自動車道天理ICからR169経由で約10km

大切に受け継がれている人般若経の教典。

まだまだあります！

🏯 DATA

山形県
天台宗宝珠山立石寺 https://www.rissyakuji.jp
📍山形県山形市山寺 4456-1 ☎023-695-2843
🚃JR山寺駅から徒歩約5分 🚗山形自動車道山形北ICから約15分

栃木県
日蓮宗法光山妙金寺 http://www.myoukinji.or.jp
📍栃木県宇都宮市仲町3-21 ☎028-622-2835
🚃JR宇都宮駅から徒歩約7分 🚗東北自動車道鹿沼IC、宇都宮ICから約20分

埼玉県
曹洞宗福王山正覚寺 fukuousan-shougakuji.jimdo.com
📍埼玉県飯能市上名栗2326 ☎042-979-0235
🚃西武池袋線飯能駅・JR東飯能駅からバスで約55分、名郷で下車し徒歩約1分

神奈川県
天台宗安禅院円満寺 http://enmanji-yokohama.jp
📍神奈川県横浜市西区久保町50-1 ☎045-231-4383
🚃相鉄線西横浜駅から徒歩約10分

神奈川県
時宗藤澤山浄光寺 http://www.jisyu-jyoukouji.com
📍神奈川県横浜市南区中村町1-37 ☎045-261-7976
🚃JR石川町駅から徒歩約15分

福井県
浄土宗光明山悟愼院善導寺 https://dmtj.jimdo.com
📍福井県大野市錦町4-11 ☎0779-66-2791
🚃JR越前大野駅から徒歩15分 🚗北陸自動車道福井ICから約30分

島根県
曹洞宗月光山宗見寺
📍島根県安来市飯生町485 ☎0854-22-5071
🚃JR安来駅からタクシーで約20分 🚗山陰自動車道安来ICから約20分

岡山県
浄土宗天崇山泰安寺
📍岡山県津山市西寺町12 ☎0868-23-8141
🚃JR津山駅から徒歩約20分 🚗中国自動車道津山から約10分

岡山県
天台宗眞岳山大護寺明王院
📍岡山県浅口市鴨方町六条院中4571 ☎0865-44-2207
🚃JR鴨方駅から徒歩約13分 🚗山陽自動車道鴨方ICから約12分

愛媛県
曹洞宗霊松山西光寺
📍愛媛県松山市枝松1-2-26 ☎089-941-9511
🚃JR松山駅からバスで桑原農協前停留所下車、徒歩約3分
🚗松山自動車道松山ICから約15分

おすすめ 10 ケ寺

特徴	本の特典
天台宗の慈覚大師により860年に開山され、通称「山寺」として有名。開山の折に延暦寺より分灯された不滅の法灯と慈覚大師の御遺骸を護り、松尾芭蕉もここを訪れました。山上の奥の院では慈覚大師によって伝えられた最古の写経修行『如法写経行』が今もなお修されています。山内念仏堂にて自由に参加できる写経体験もあり。	
文永2年（1265年）に開創。日蓮聖人がこの地に立ち寄り、弟子の妙金尼に大曼荼羅御本尊を授けたことから始まりました。この宗祖御真筆の御本尊は今もなお、日蓮宗宗宝として妙金寺本堂に奉安。もともとは2幅あった御本尊が常に並んで格護されていたため「鴛鴦の大曼荼羅（おしどりのだいまんだら）」と称されています。	祈禱会が無料に ※毎月1日14:00〜　※要予約
1483年に開創。慶応2年（1866年）6月13日には正覚寺の檀家を中心とする村人たちが米価の値下げを要求し約10万人が一斉蜂起しました。二度と一揆が起こらず、豊かな人生が送れるように今でも諸行事を実施。また一年を通して宿坊を開設し今年で34年目に。坐禅を中心とし食事作法(精進料理)、作務、法話、写経などの体験も可能です。	宿泊参禅、あるいは日帰り坐禅参加でプレゼントあり
比叡山延暦寺東塔北谷に位置していた本山別格の寺院。新本堂は平成2年に、書院は平成27年にそれぞれ新築され、院内は全てバリアフリー、エレベーターや駐車場も完備です。新本堂に置かれた、畳十畳分ある傳益瑤氏の天台山、比叡山の墨絵は圧巻。毎月第4土曜日には参加費無料の写経会を開催。変更の場合もあるので、事前に問い合わせを。	
横浜開港時に説教所として始まり、明治5年に開山した比較的新しいお寺。戦時中の空襲で焼失したものの、戦後の復興期には僧侶・檀信徒ともに尽力し、再建を果たしました。当時は港湾事業が活発であった反面、労働者には危険がつきものだったため、境内には港湾企業の慰霊塔があります。毎月第1土曜日14:00から「お経を学ぶ会」を開催。	
越前大野城がそびえる城下町。九宗派十六カ寺院が並ぶ寺町通りで唯一の浄土宗寺院。本尊阿弥陀如来坐像は室町期の作。その胎内には33年に一度御開帳される秘仏（前回は平成元年）の阿弥陀如来立像が納められています。副住職は「唄うお坊さん」として活躍する大門哲храм。現代に明るい仏教を広めるべく、法話にギターを持ち込み話と歌で布教活動に励んでいます。	1 別時念仏、日常勤行体験、法話聞法、写経、瞑想などの修行体験に参加可能。※料金はお気持ちで　2 住職書籍や副住職制作アルバムを割引販売。
宗見寺の開基は月山富田城城主の尼子晴久。晴久の叔父にあたる興久が幼少時に住んだ館跡でもあり、寺紋は尼子家と同様に平四ツ目結となっています。境内には杉苔が群生し、各所に植えられた三つ葉ツツジが春先には鮮やかな薄紫で彩を添えます。山寺らしい風情の中、四季折々に色鮮やかな花々が咲き、日々の喧騒を忘れさせます。	坐禅体験・写経体験が無料 ※事前に連絡が必要です
慶長8年（1603年）に創建し、慶長14年（1609年）に現在地へ移転。やがて、徳川家康の第二子の結城秀康を祖とする松平宣富が入国し、津山藩主松平家の菩提寺となりました。かつては、山門までの長い参道の両脇は老松の並木でしたが、戦時中に伐採。本堂・玄関・客殿・庫裏は威風堂々の構えで、重厚と威厳を保っています。	藩主が通された「上段の間」の見学が可能に　※時期によっては御霊屋見学も可能
伝教大師が奠定し、承和年中に慈覚大師が開基に。往時には密教の秘密潅頂道場や天台宗中国学寮として多くの僧徒が集いました。境内の泉山には安徳天皇の行在所「穴泉の御所」の旧跡があり。境内中央の大仙堂は当地の地名「六条院」の由来となった大仙地蔵尊をお祀りしています。四季折々の表情を見せる遠州式回遊庭園も魅力。	1 写経の会が無料に ※毎月17日13:30〜　※要予約 2 御朱印を金字の特別朱印（差替）に。通常の御朱印(書込)を希望の方は参拝記念の御箸を授与
お釈迦様を御本尊とし、道元禅師、瑩山禅師の教えを守り受け継ぐ西光寺。松山市内中心部の閑静な住宅地に位置し、境内はバリアフリー化を推進し、本堂では法要以外に坐禅会、ヨガ、仏前結婚式、婚活イベント、カラオケ大会、講演会等の開催も。また市内では珍しくお寺で盆踊りを開催し、老若男女問わず毎年多くの参加者が集います。	

おわりに

この本との出会いが、

あなたのモヤモヤをスッキリさせたり。

この本との出会いが、

あなたの心を調えたり。

この本との出会いが、

あなたの人生を変えるきっかけになったり。

この本との出会いが、

あなたの週末トラベルをより豊かにしたり。

この本との出会いが、

あなたのお寺や仏教の世界への興味を広げたり。

この本が、そんなきっかけを作れたならば、

これに勝る喜びはありません。

平成30年10月吉日

『プチ修行できるお寺めぐり』制作チーム一同

全日本仏教青年会（JYBA）

　1977年に設立された、日本全国の宗派・地域の垣根をこえて活動する仏教青年団体。

　現在、9宗派の（天台宗・金峯山修験本宗・和宗・真言宗・浄土宗・融通念佛宗・臨済宗・曹洞宗・日蓮宗）全国青年会と4地域（埼玉県・神奈川県・大阪府・神戸市）の仏教青年会が参加加盟している。

　また、世界仏教徒青年連盟（WFBY）唯一の日本センターでもあり、全世界の仏教徒と交流を深めつつ、仏教文化の宣揚と世界平和の進展に寄与することを目指している。

プチ修行できる お寺めぐり

2018年11月14日　第1刷発行

産業編集センター／著
全日本仏教青年会／監修
ohmae-d／ブックデザイン
清永安雄・及川健智・山本嵩／撮影
松本貴子・小川真梨子／執筆・編集

発行／株式会社産業編集センター
〒112-0011
東京都文京区千石4丁目39番17号
TEL 03-5395-6133　FAX 03-5395-5320

印刷・製本／株式会社東京印書館

©2018 Sangyo Henshu Center Co.ltd. in Japan
ISBN978-4-86311-203-2　C0026
本書掲載の文章・写真・地図を無断で転用することを禁じます。
乱丁・落丁本はお取り替えいたします。